Traci

Your tract!

	A	B	C	D	E	F
1						
2						
3						
4						
5						
6						
7						

Drawing

Your draw!

	A	B	C	D	E	F
1						
2						
3						
4						
5						
6						
7						

Practice!

Coloring

Make perfect!

Tracing

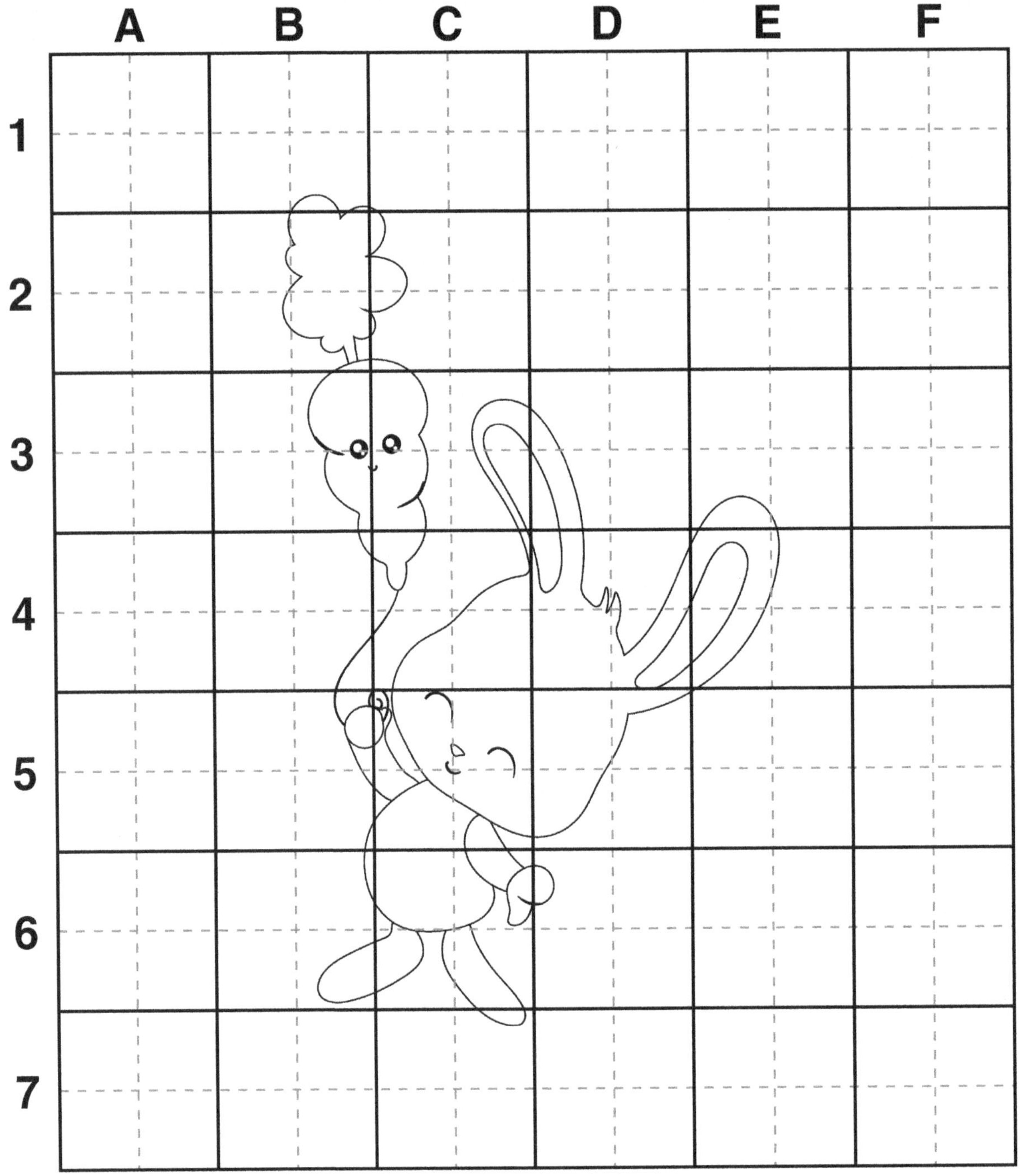

Your tract!

	A	B	C	D	E	F
1						
2						
3						
4						
5						
6						
7						

Drawing

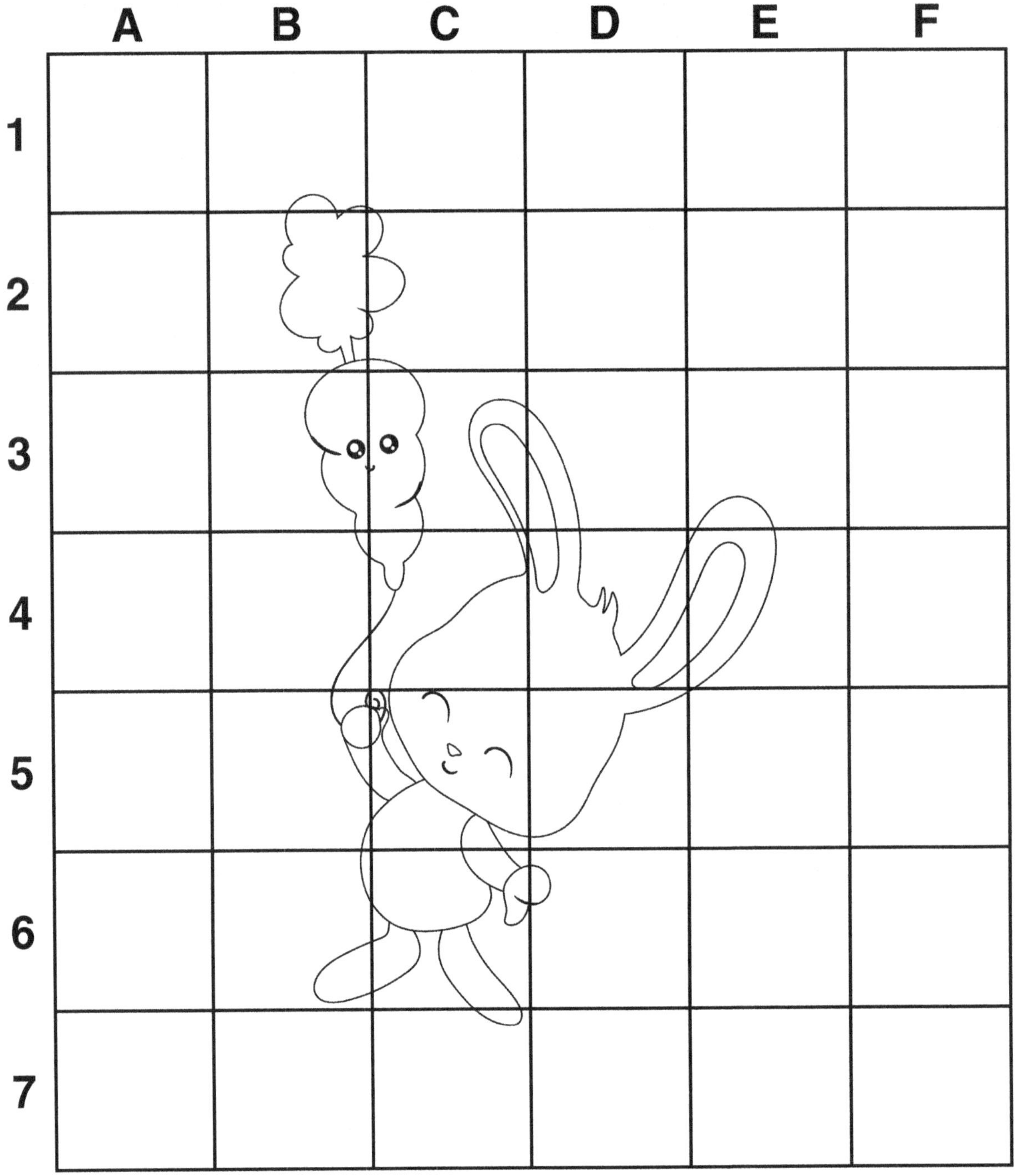

Your draw!

	A	B	C	D	E	F
1						
2						
3						
4						
5						
6						
7						

Practice!

Coloring

Make perfect!

Tracing

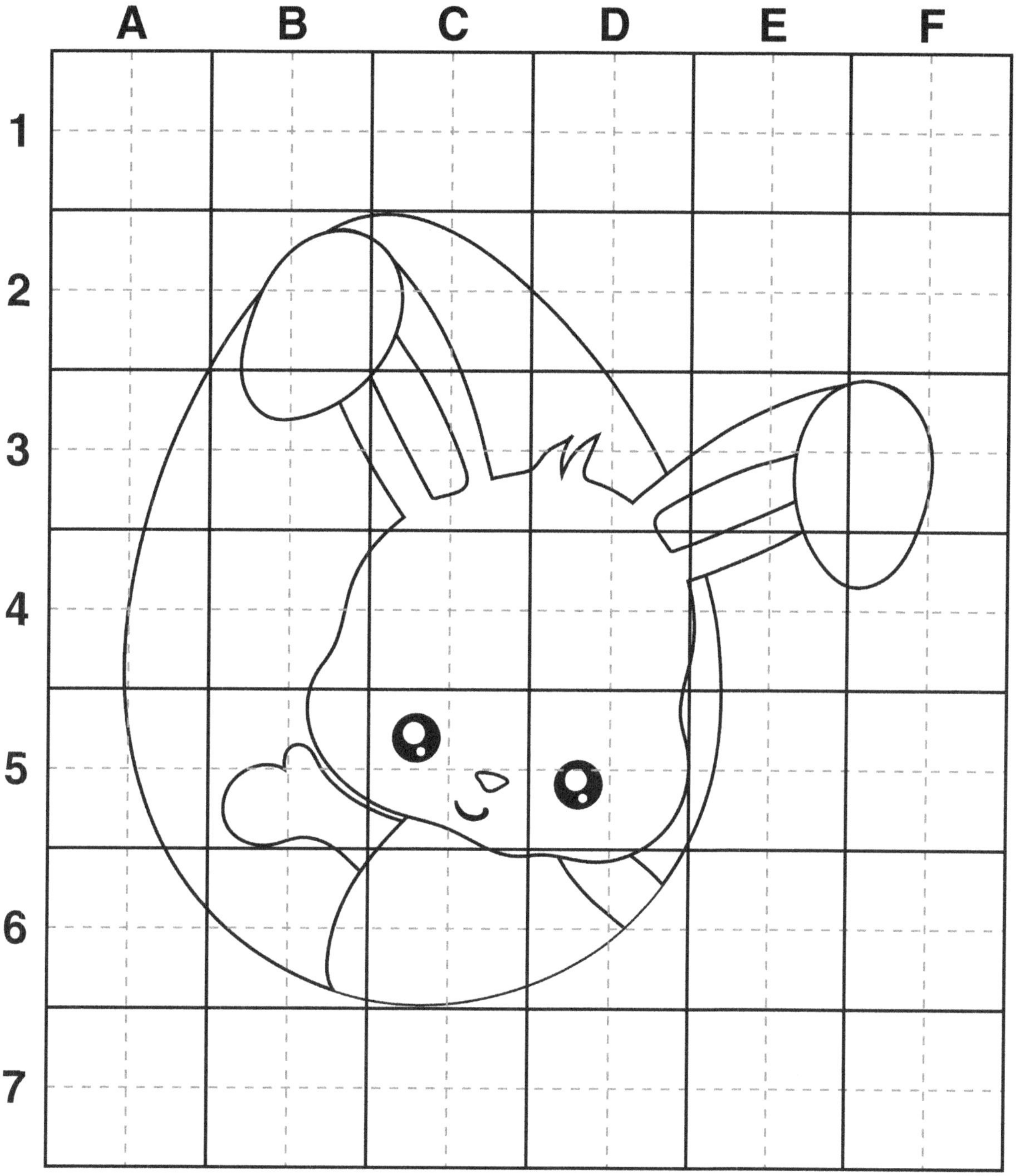

Your tract!

	A	B	C	D	E	F
1						
2						
3						
4						
5						
6						
7						

Drawing

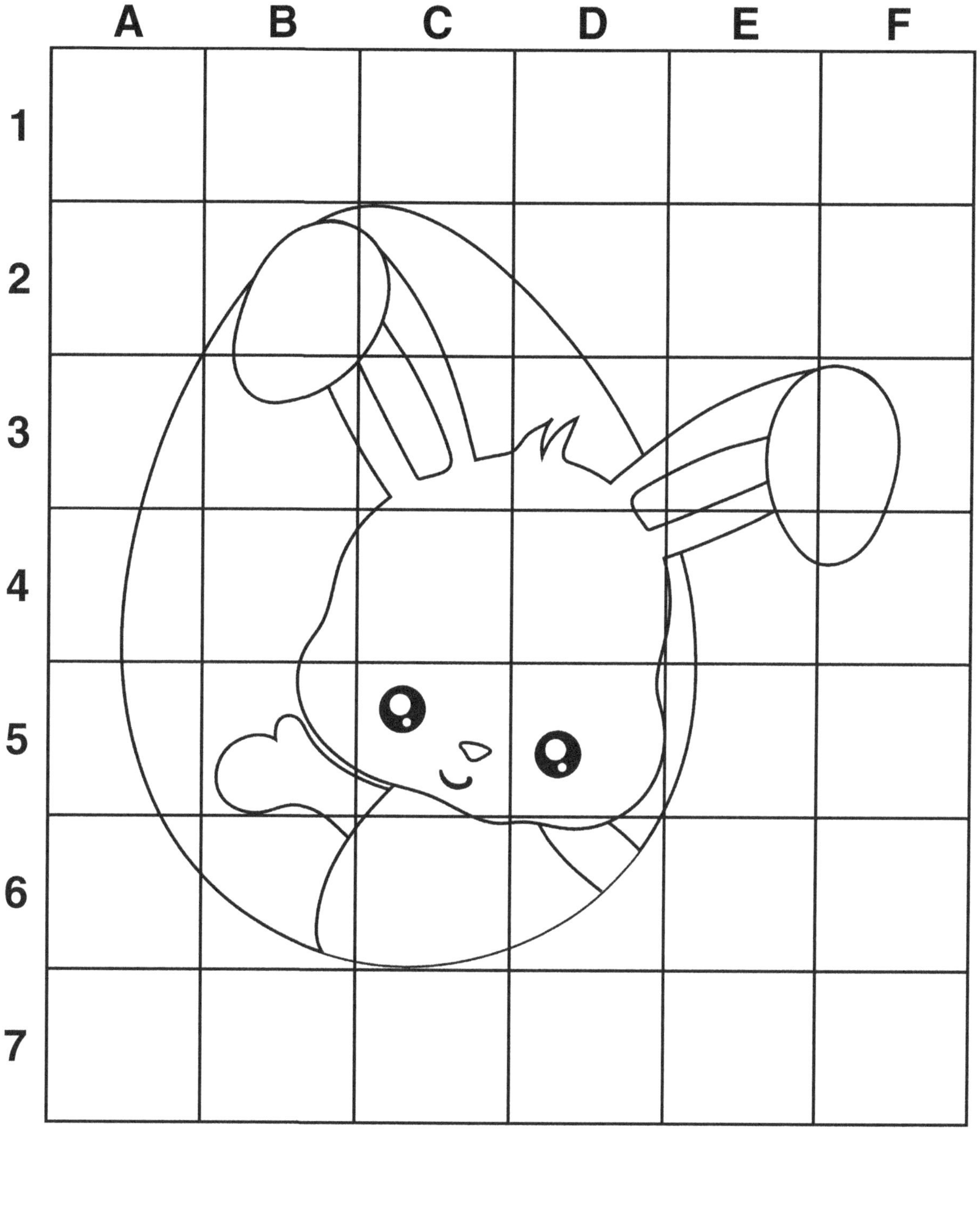

Your draw!

	A	B	C	D	E	F
1						
2						
3						
4						
5						
6						
7						

Practice!

Coloring

Make perfect!

Tracing

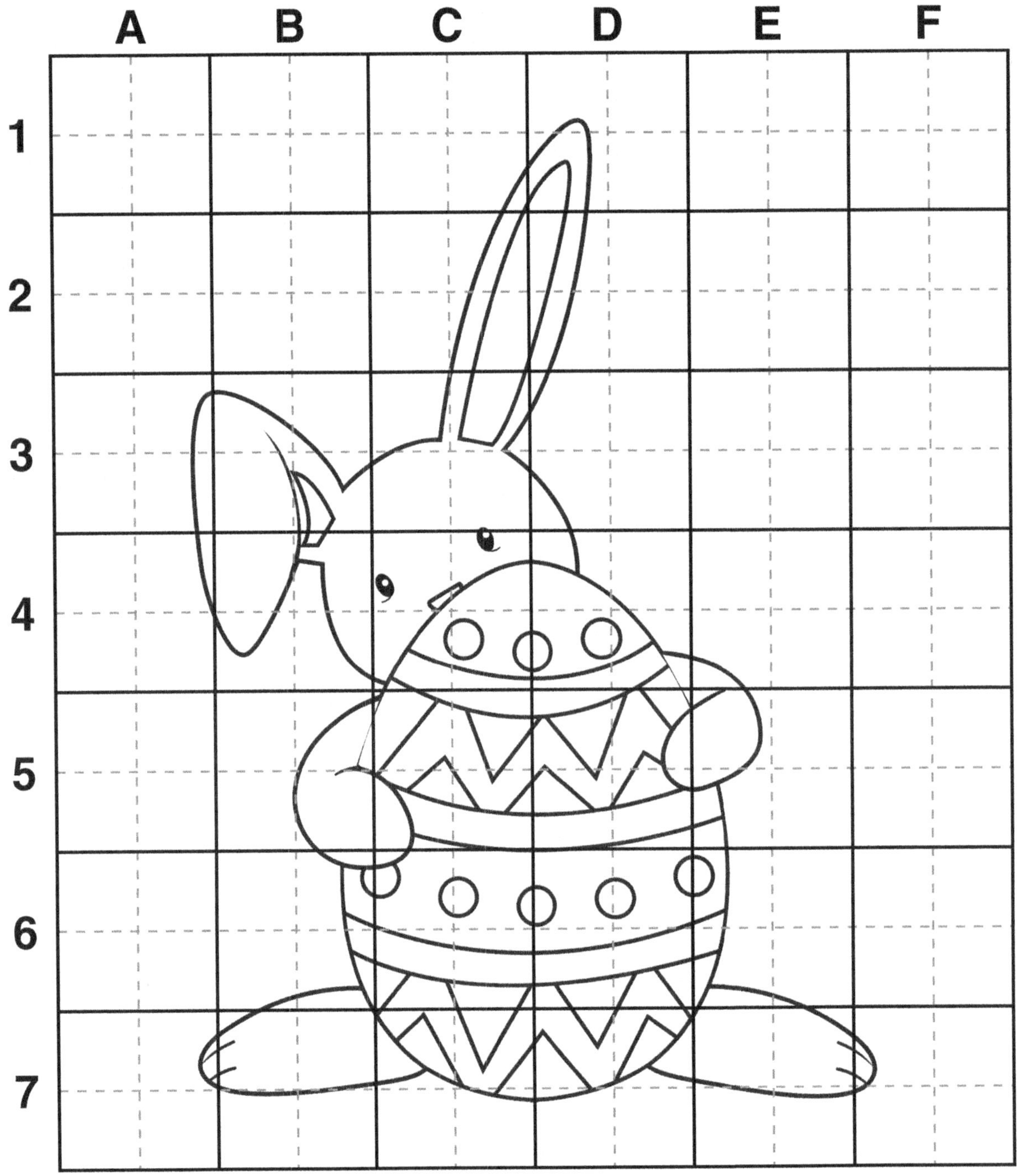

Your tract!

	A	B	C	D	E	F
1						
2						
3						
4						
5						
6						
7						

Drawing

Your draw!

	A	B	C	D	E	F
1						
2						
3						
4						
5						
6						
7						

Practice!

Coloring

Make perfect!

Tracing

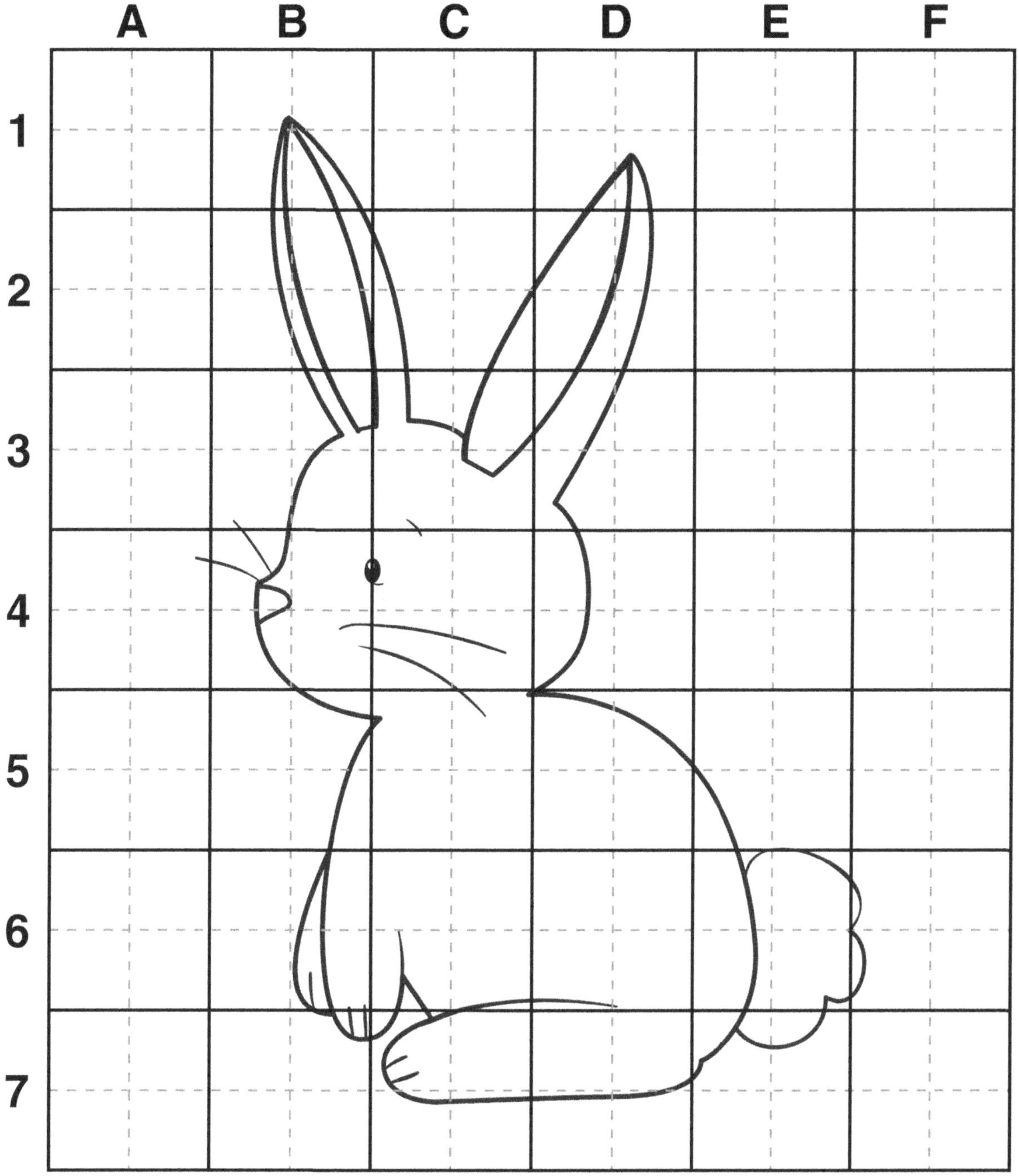

Your tract!

	A	B	C	D	E	F
1						
2						
3						
4						
5						
6						
7						

Drawing

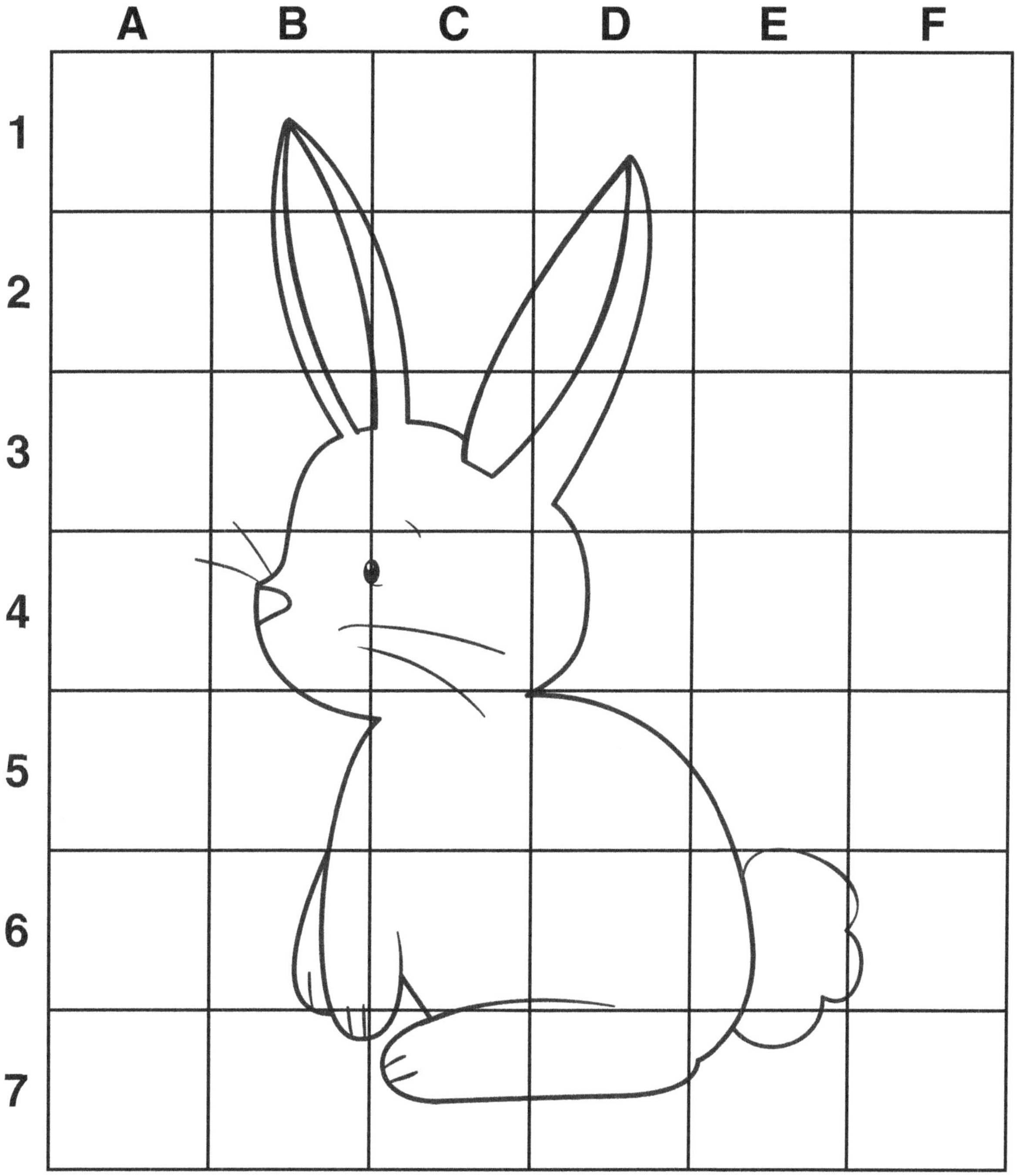

Your draw!

	A	B	C	D	E	F
1						
2						
3						
4						
5						
6						
7						

Practice!

Coloring

Make perfect!

Tracing

Your tract!

	A	B	C	D	E	F
1						
2						
3						
4						
5						
6						
7						

Drawing

Your draw!

	A	B	C	D	E	F
1						
2						
3						
4						
5						
6						
7						

Practice!

Coloring

Make perfect!

Tracing

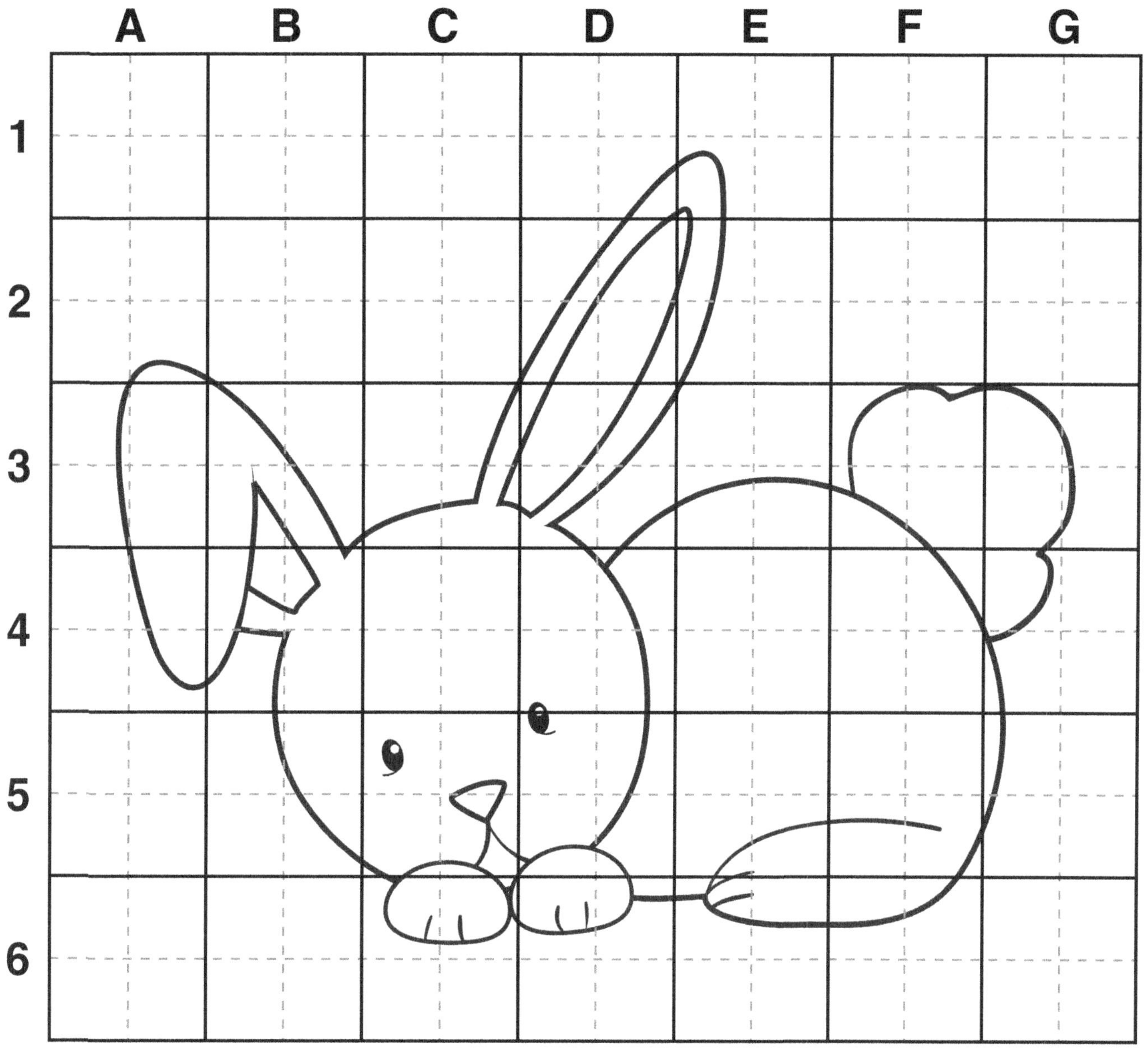

Your tract!

	A	B	C	D	E	F	G
1							
2							
3							
4							
5							
6							

Drawing

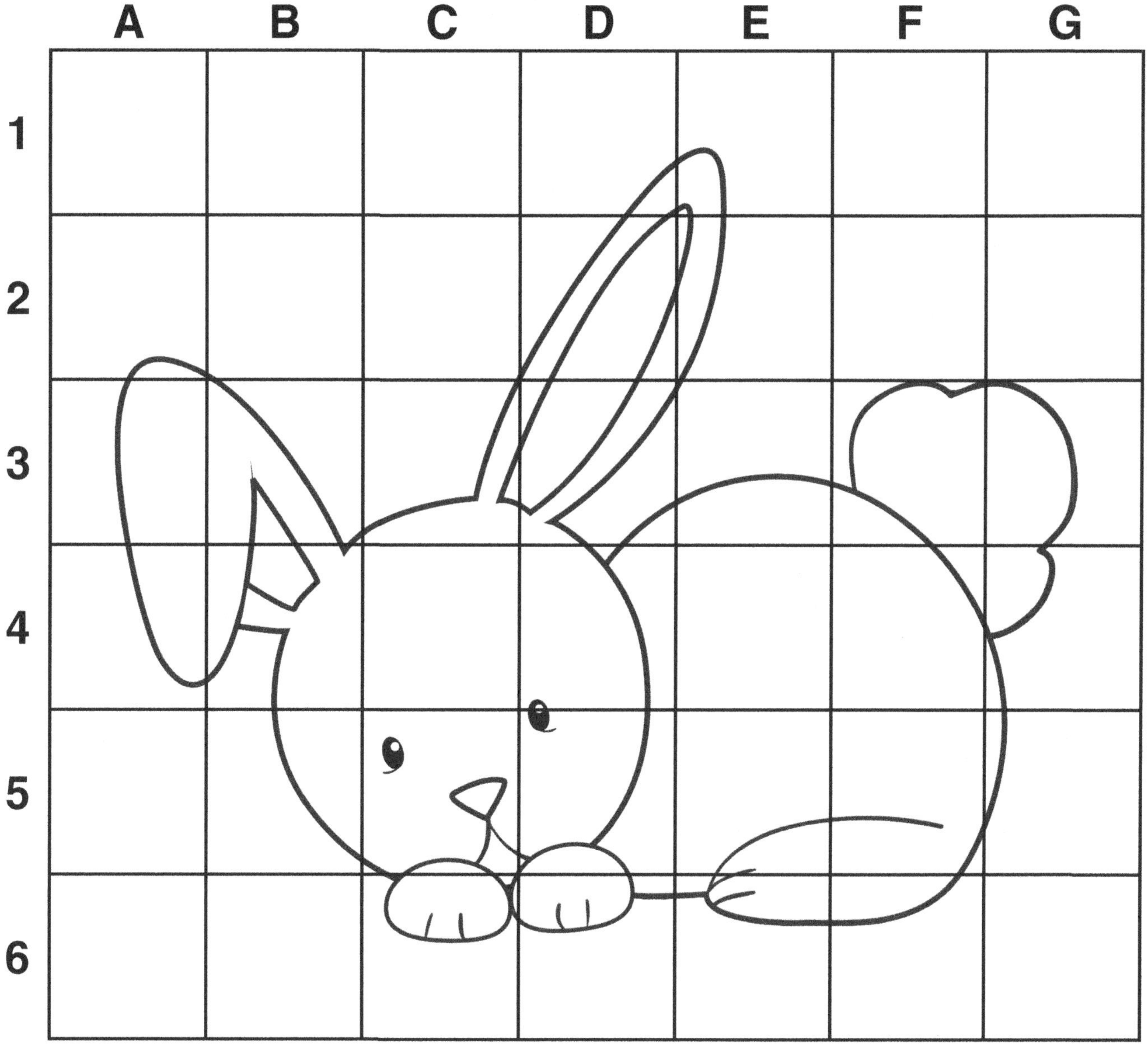

Your draw!

	A	B	C	D	E	F	G
1							
2							
3							
4							
5							
6							

Practice!

Coloring

Make perfect!

Tracing

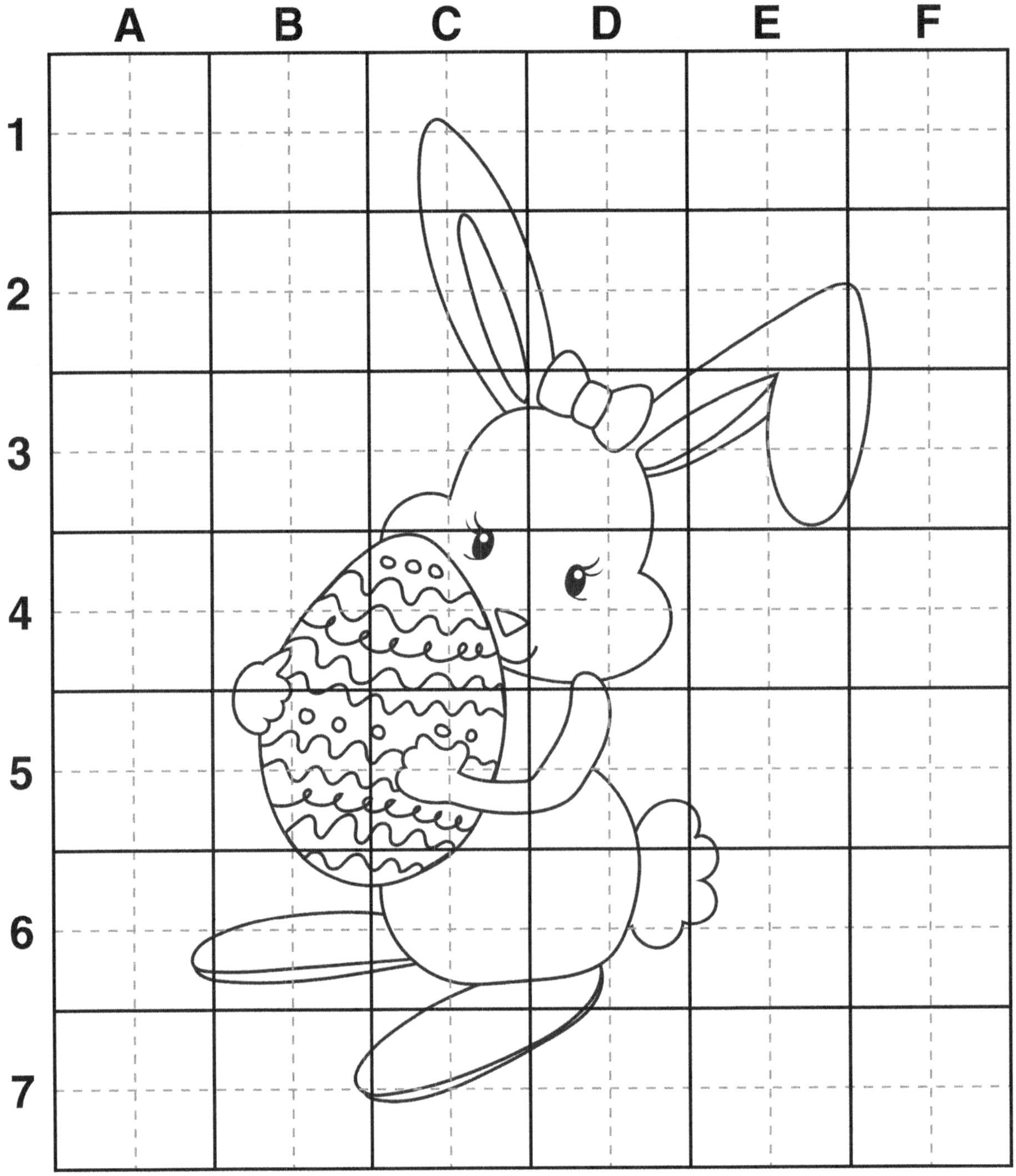

Your tract!

	A	B	C	D	E	F
1						
2						
3						
4						
5						
6						
7						

Drawing

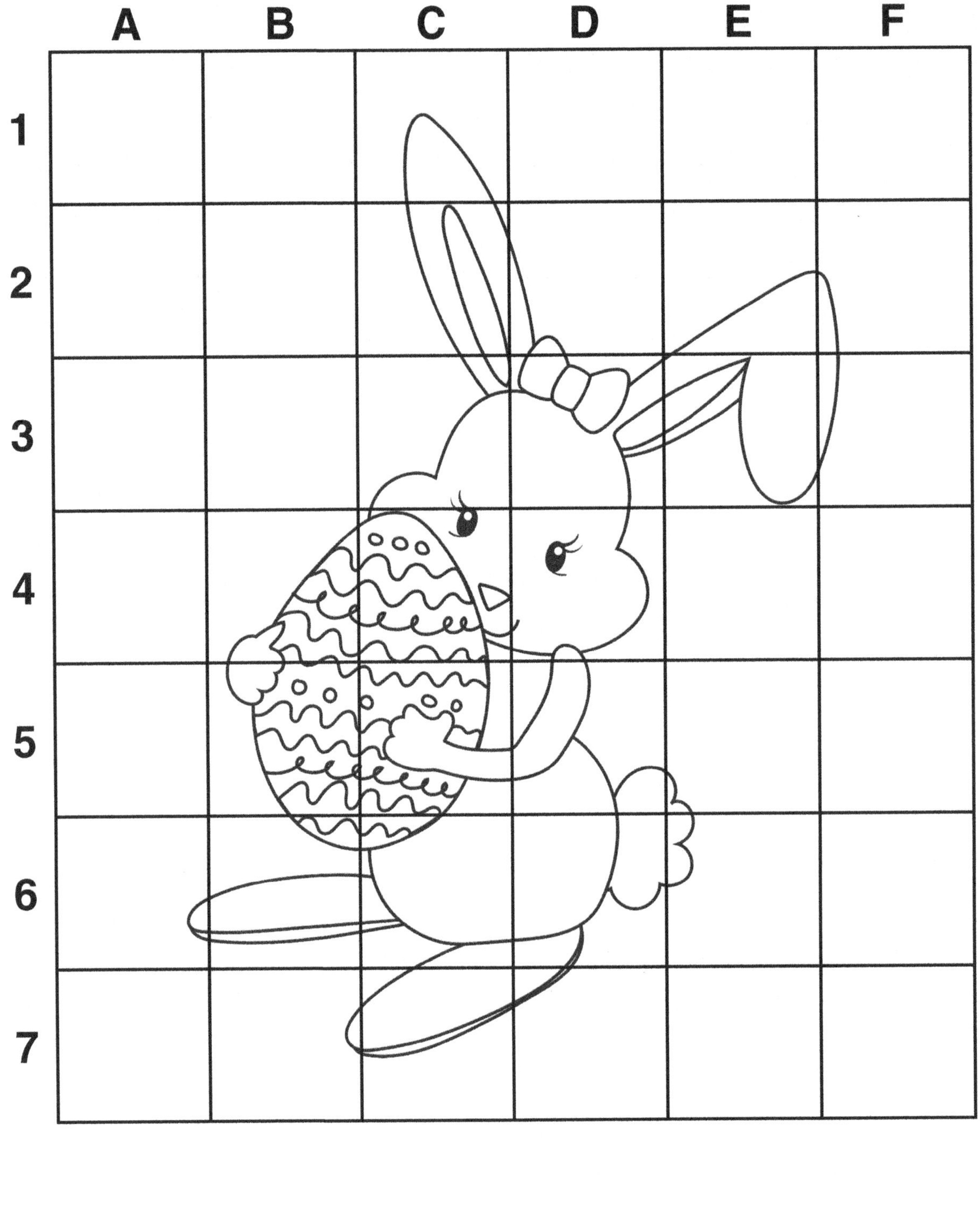

Your draw!

	A	B	C	D	E	F
1						
2						
3						
4						
5						
6						
7						

Practice!

Coloring

Make perfect!

Tracing

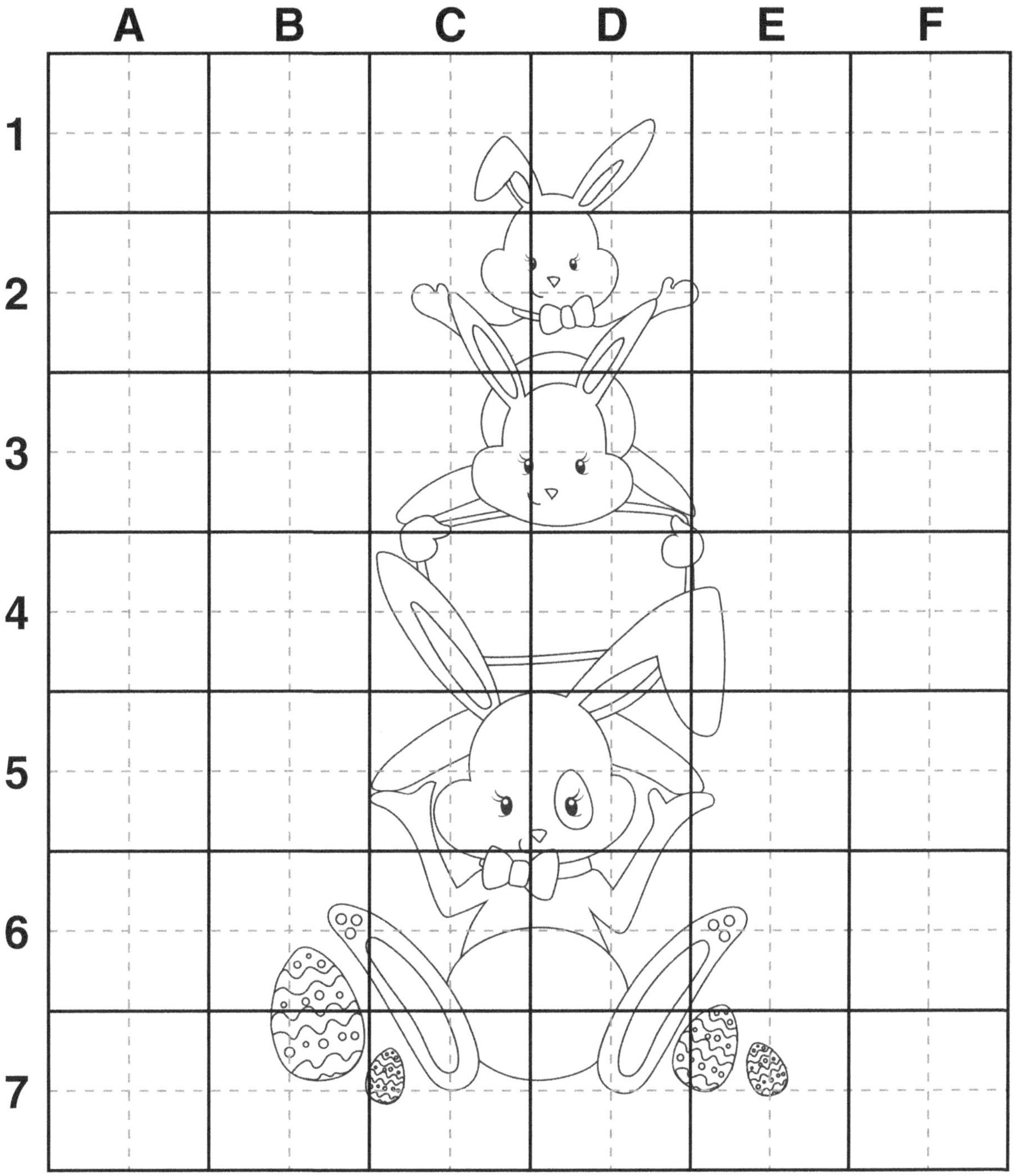

Your tract!

	A	B	C	D	E	F
1						
2						
3						
4						
5						
6						
7						

Drawing

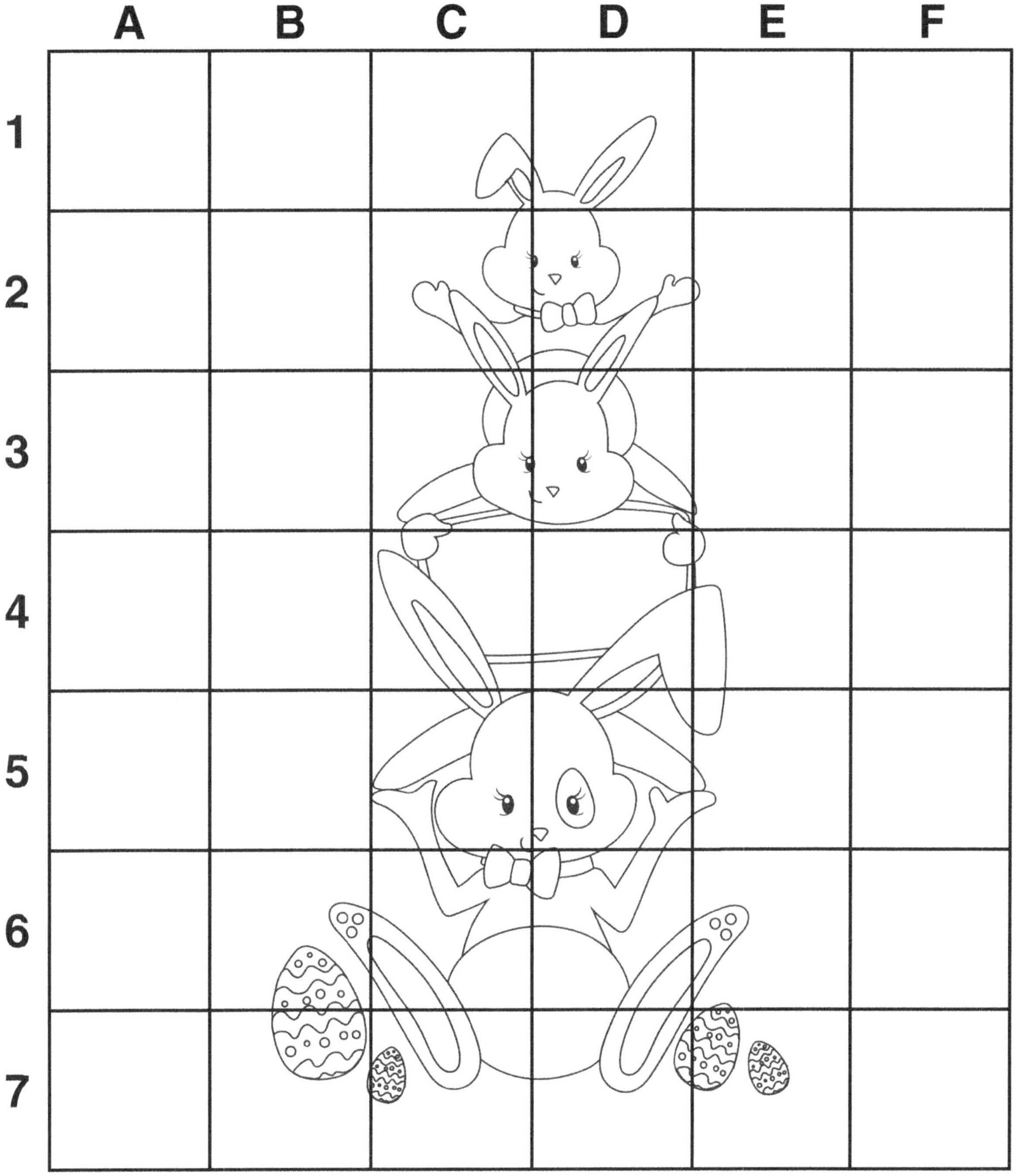

Your draw!

	A	B	C	D	E	F
1						
2						
3						
4						
5						
6						
7						

Practice!

Coloring

Make perfect!

Tracing

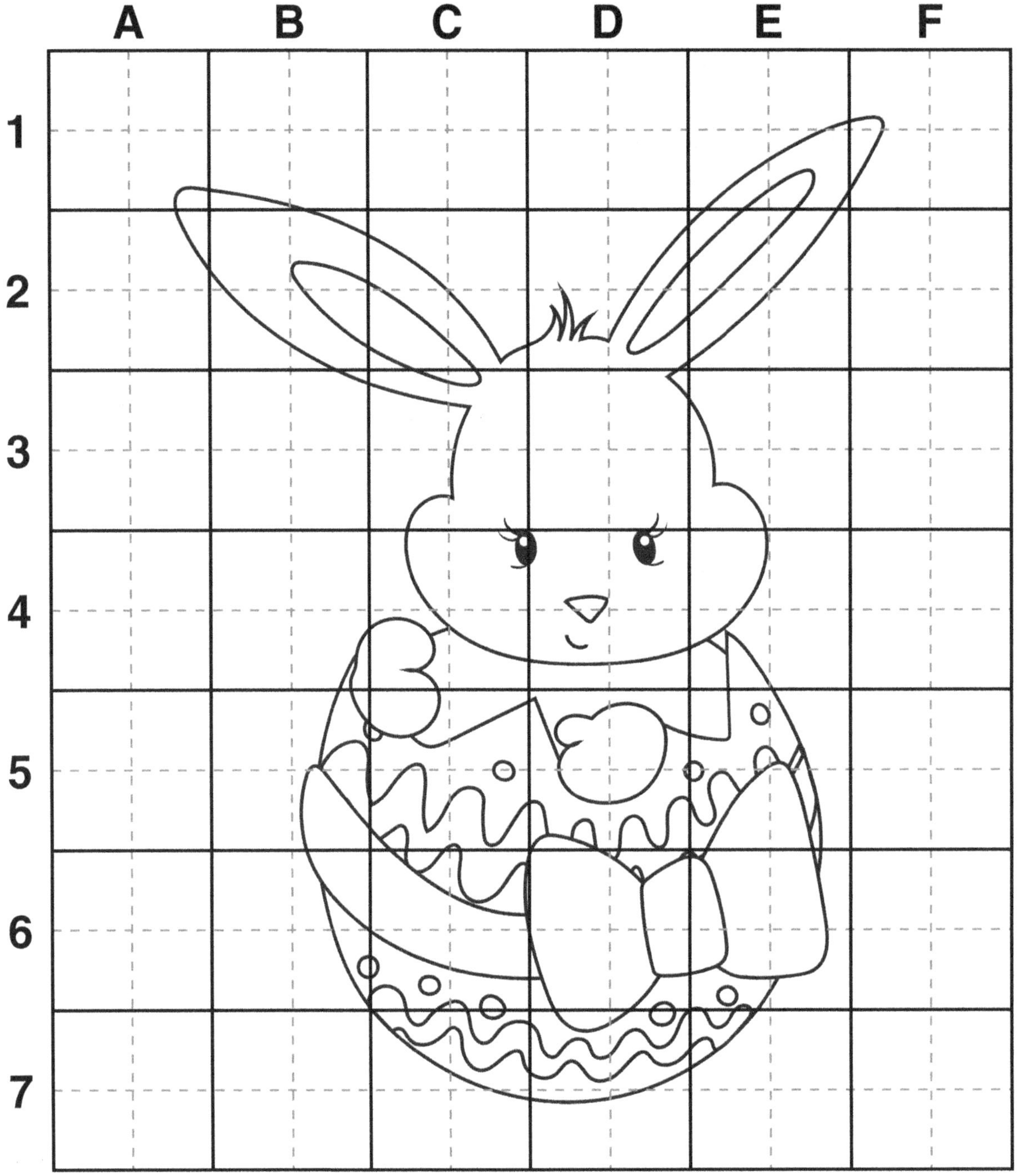

Your tract!

	A	B	C	D	E	F
1						
2						
3						
4						
5						
6						
7						

Drawing

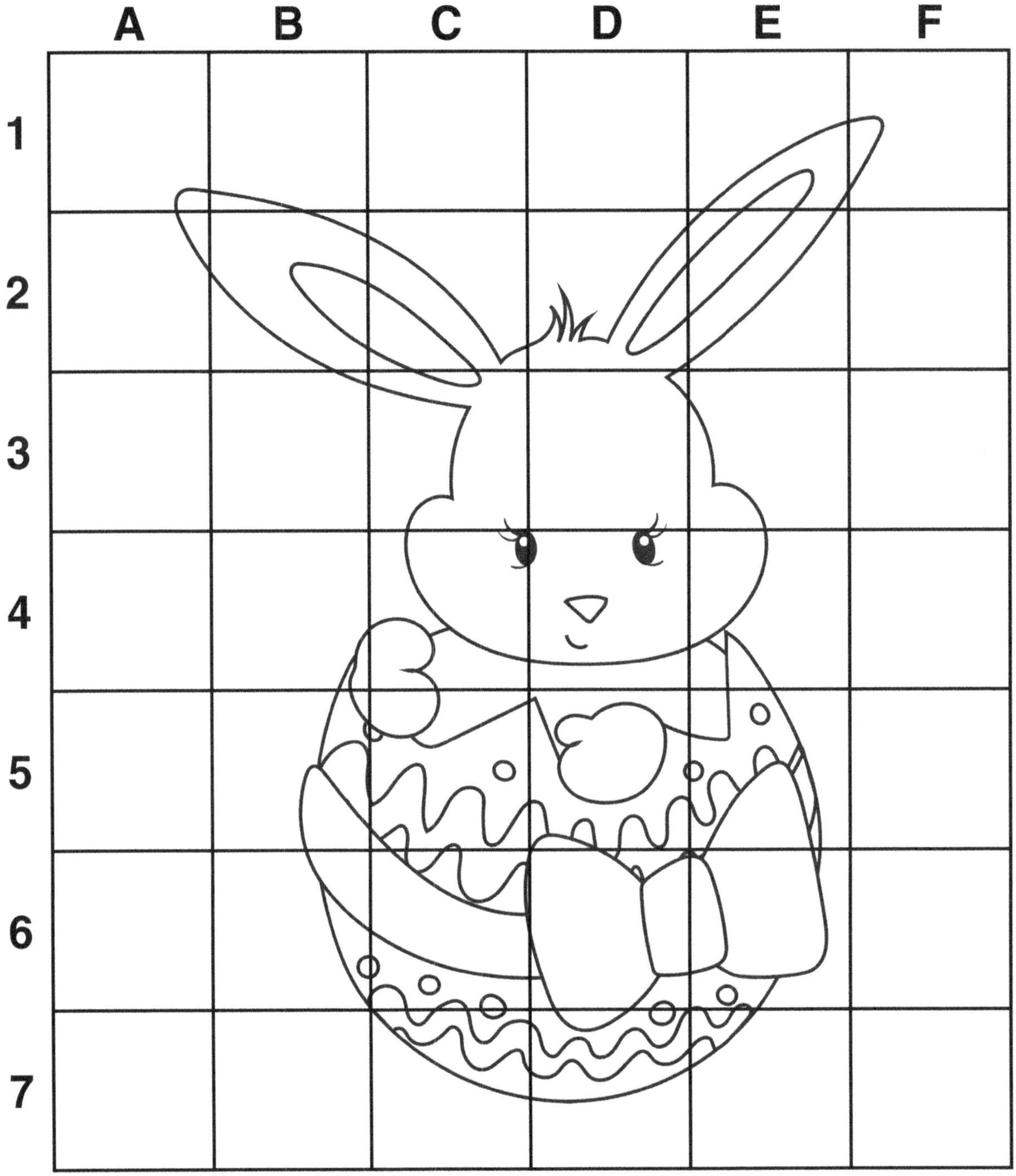

Your draw!

	A	B	C	D	E	F
1						
2						
3						
4						
5						
6						
7						

Practice!

Coloring

Make perfect!

Tracing

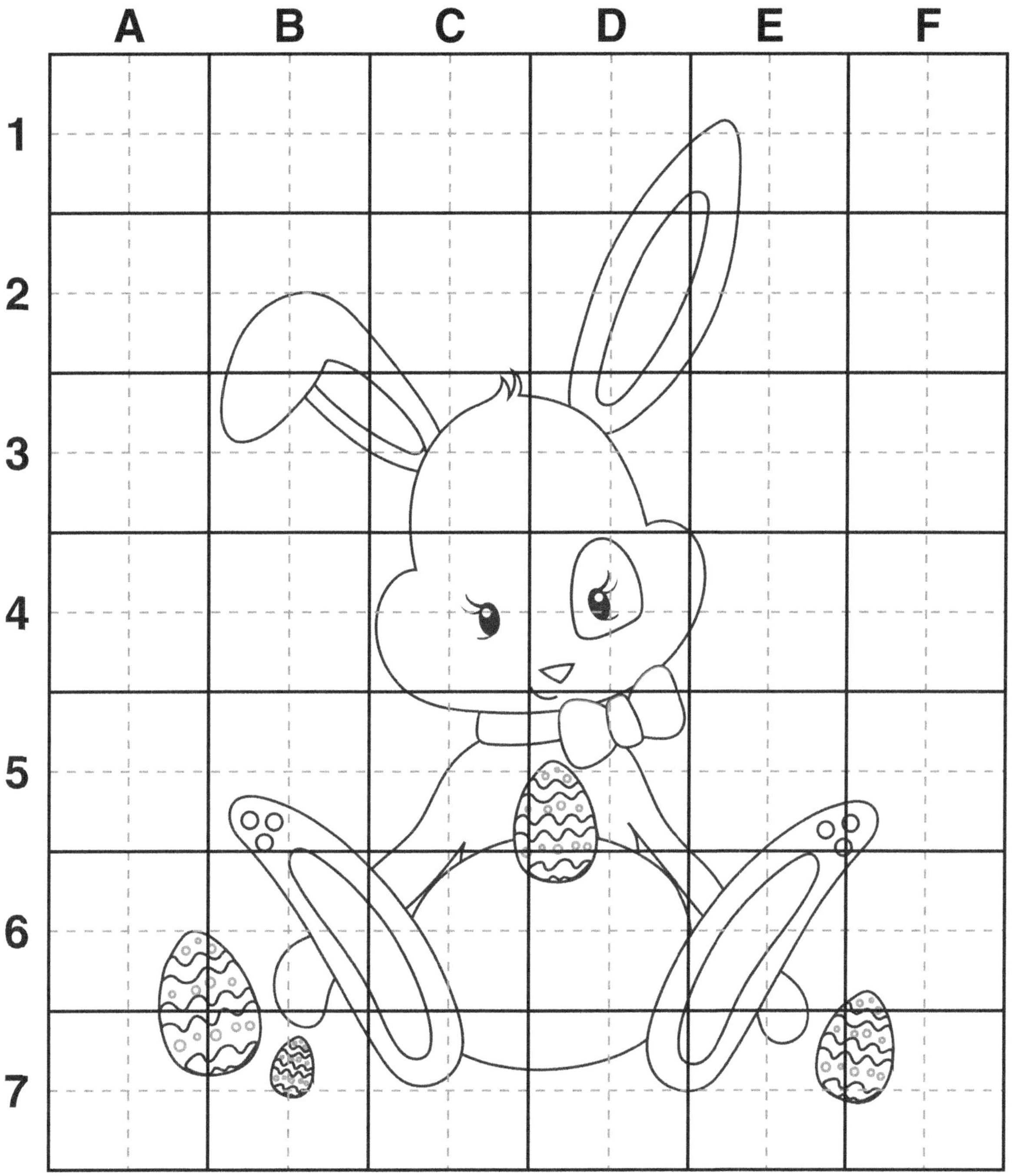

Your tract!

	A	B	C	D	E	F
1						
2						
3						
4						
5						
6						
7						

Drawing

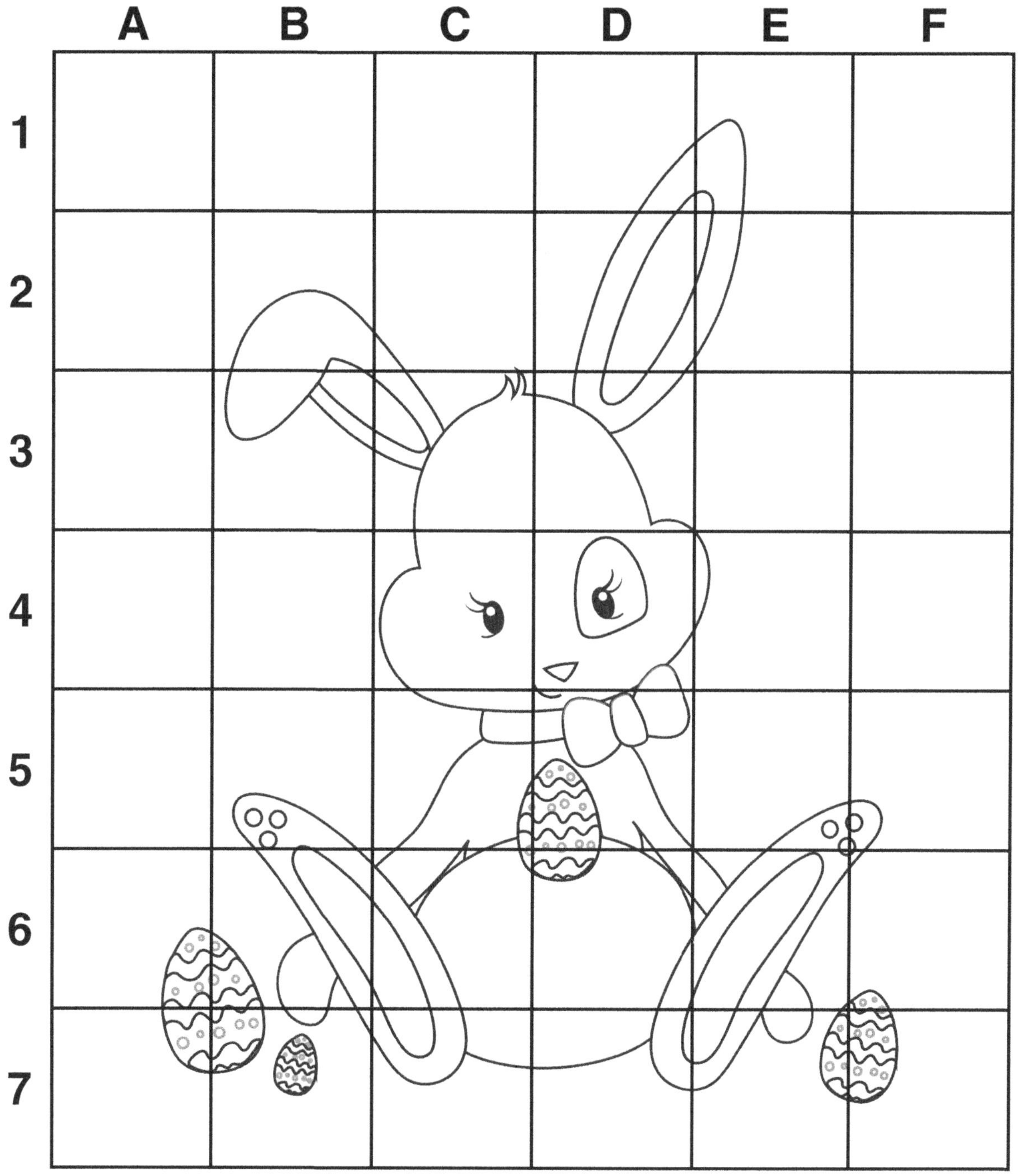

Your draw!

	A	B	C	D	E	F
1						
2						
3						
4						
5						
6						
7						

Practice!

Coloring

Make perfect!

Tracing

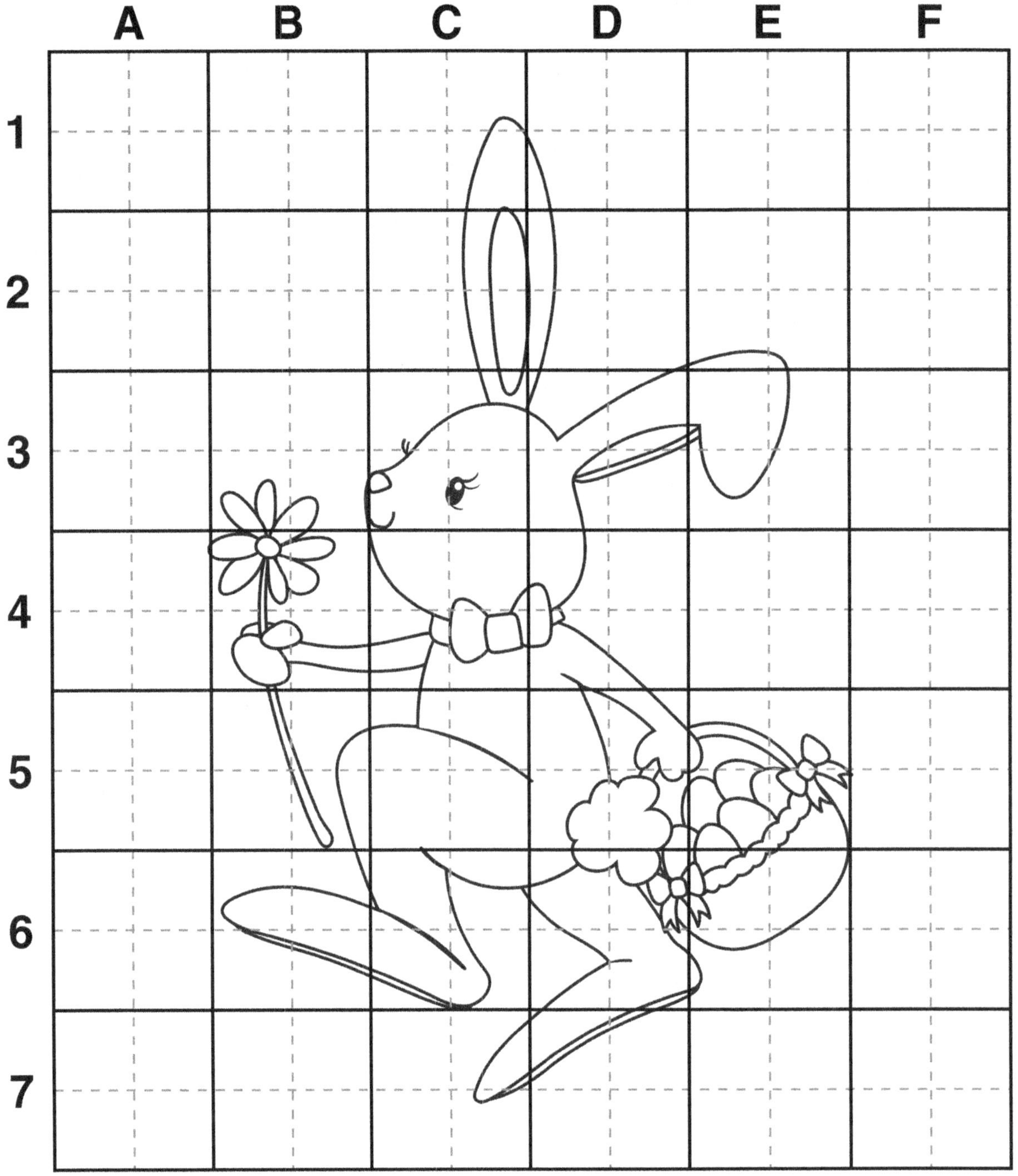

Your tract!

	A	B	C	D	E	F
1						
2						
3						
4						
5						
6						
7						

Drawing

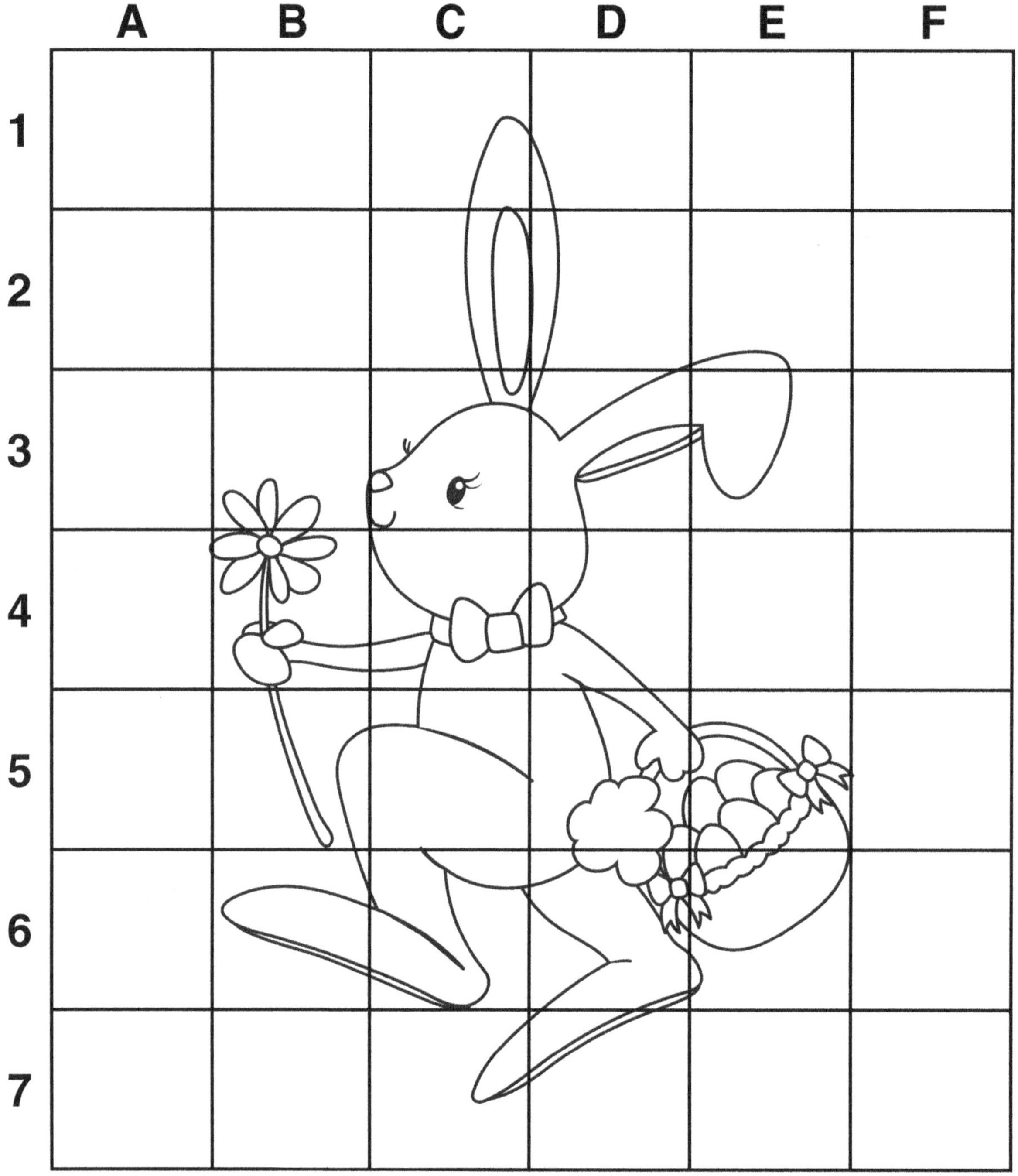

Your draw!

	A	B	C	D	E	F
1						
2						
3						
4						
5						
6						
7						

Practice!

Coloring

Make perfect!

Tracing

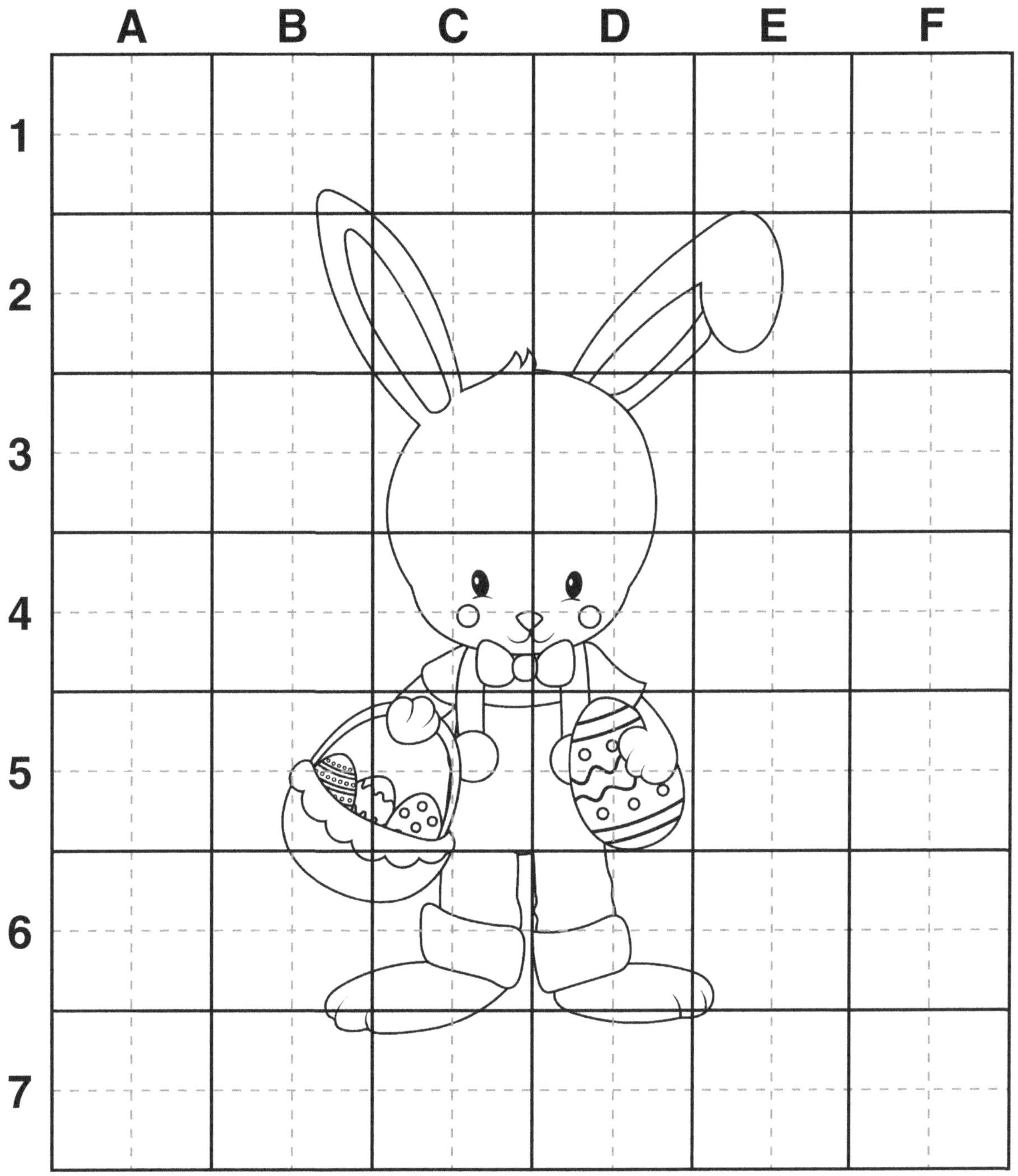

Your tract!

	A	B	C	D	E	F
1						
2						
3						
4						
5						
6						
7						

Drawing

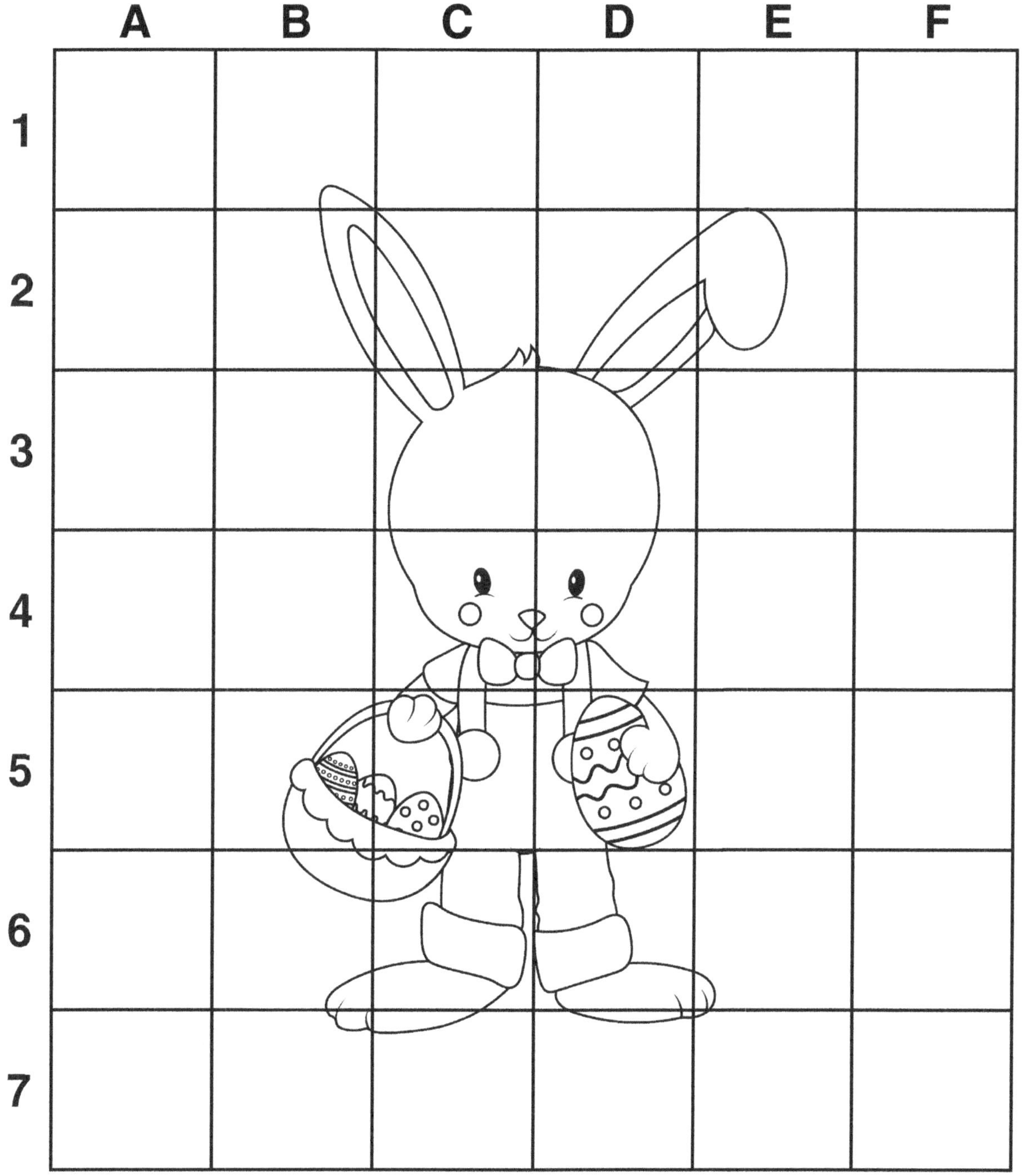

Your draw!

	A	B	C	D	E	F
1						
2						
3						
4						
5						
6						
7						

Practice!

Coloring

Make perfect!

Tracing

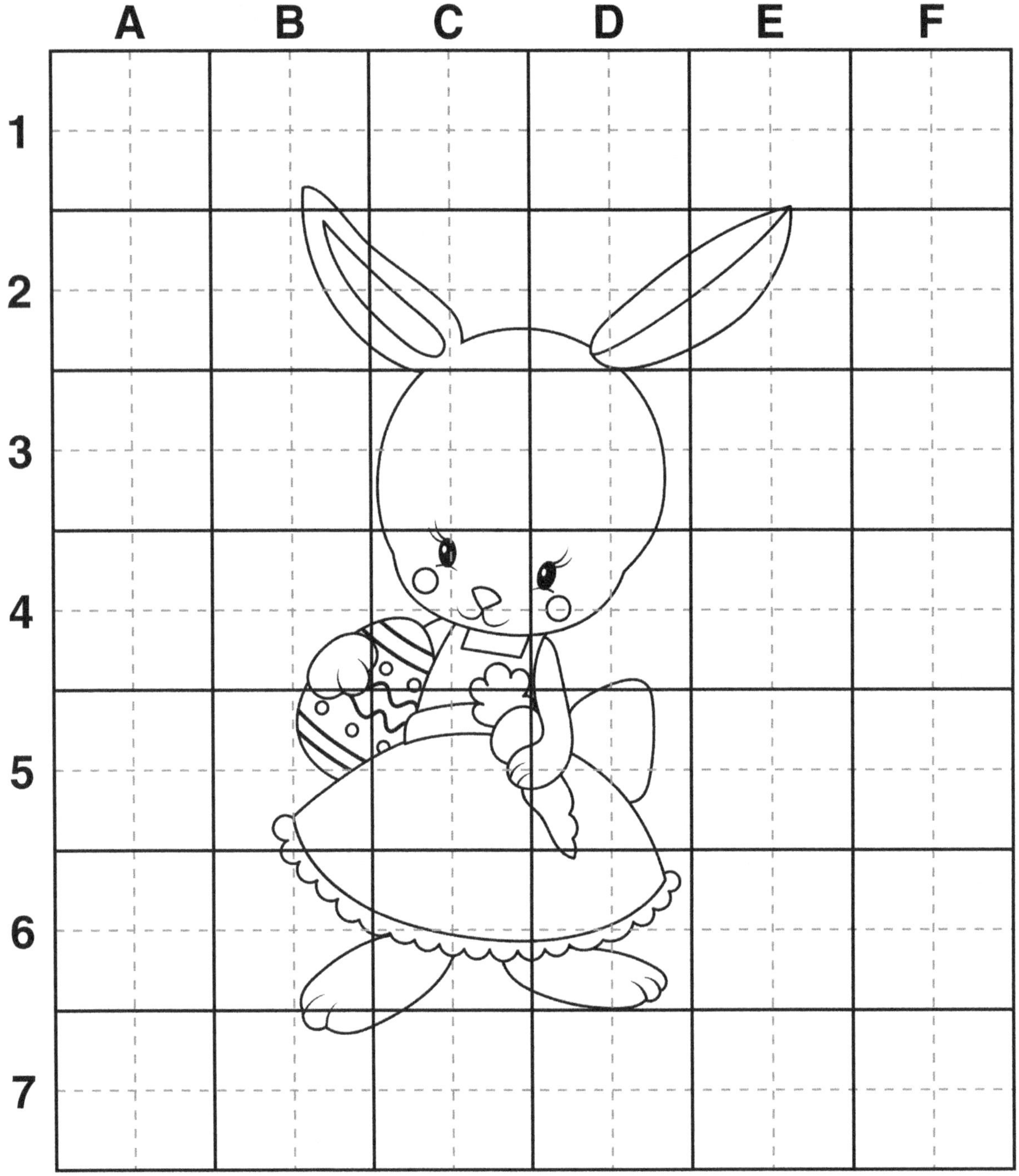

Your tract!

	A	B	C	D	E	F
1						
2						
3						
4						
5						
6						
7						

Drawing

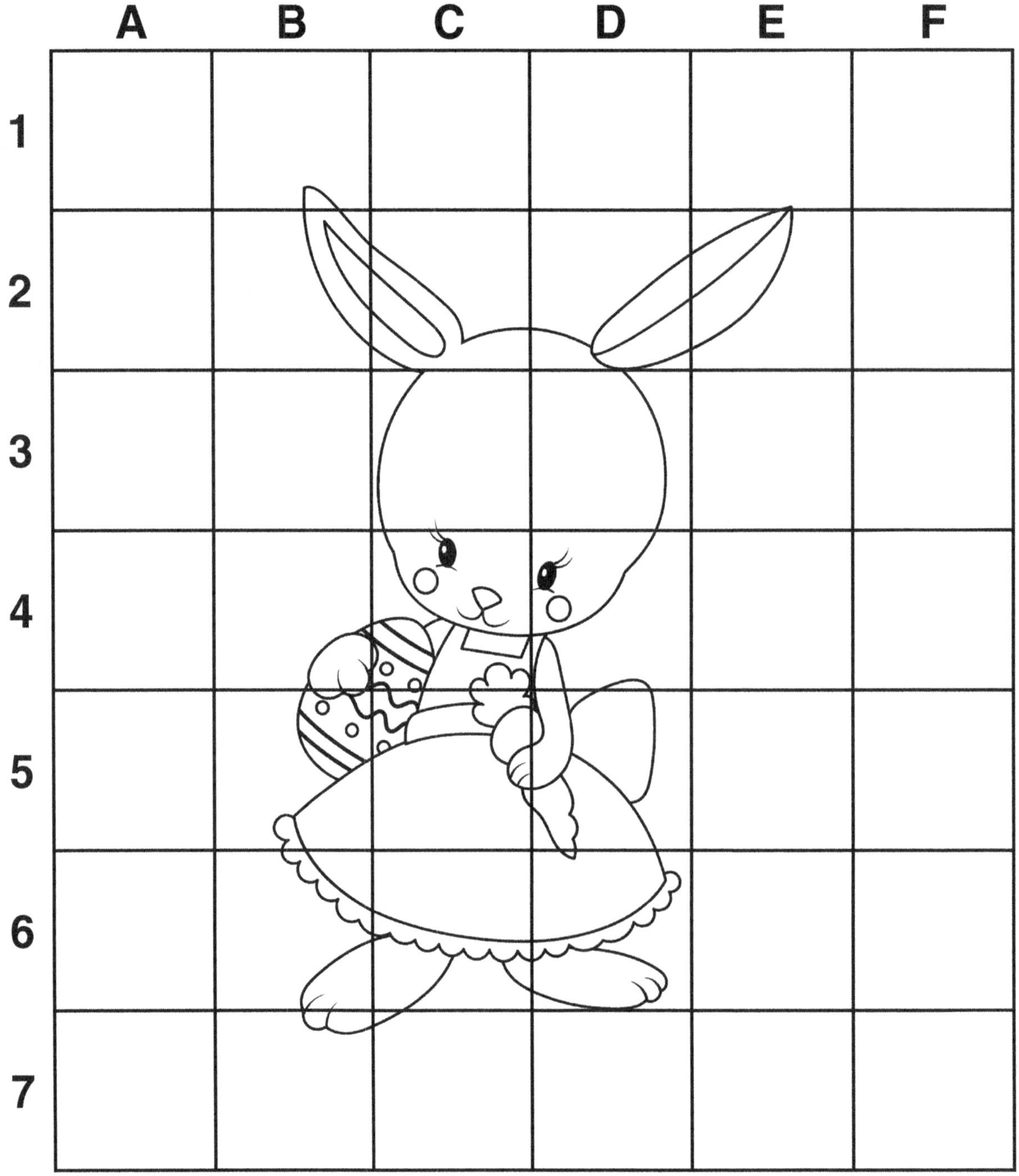

Your draw!

	A	B	C	D	E	F
1						
2						
3						
4						
5						
6						
7						

Practice!

Coloring

Make perfect!

Tracing

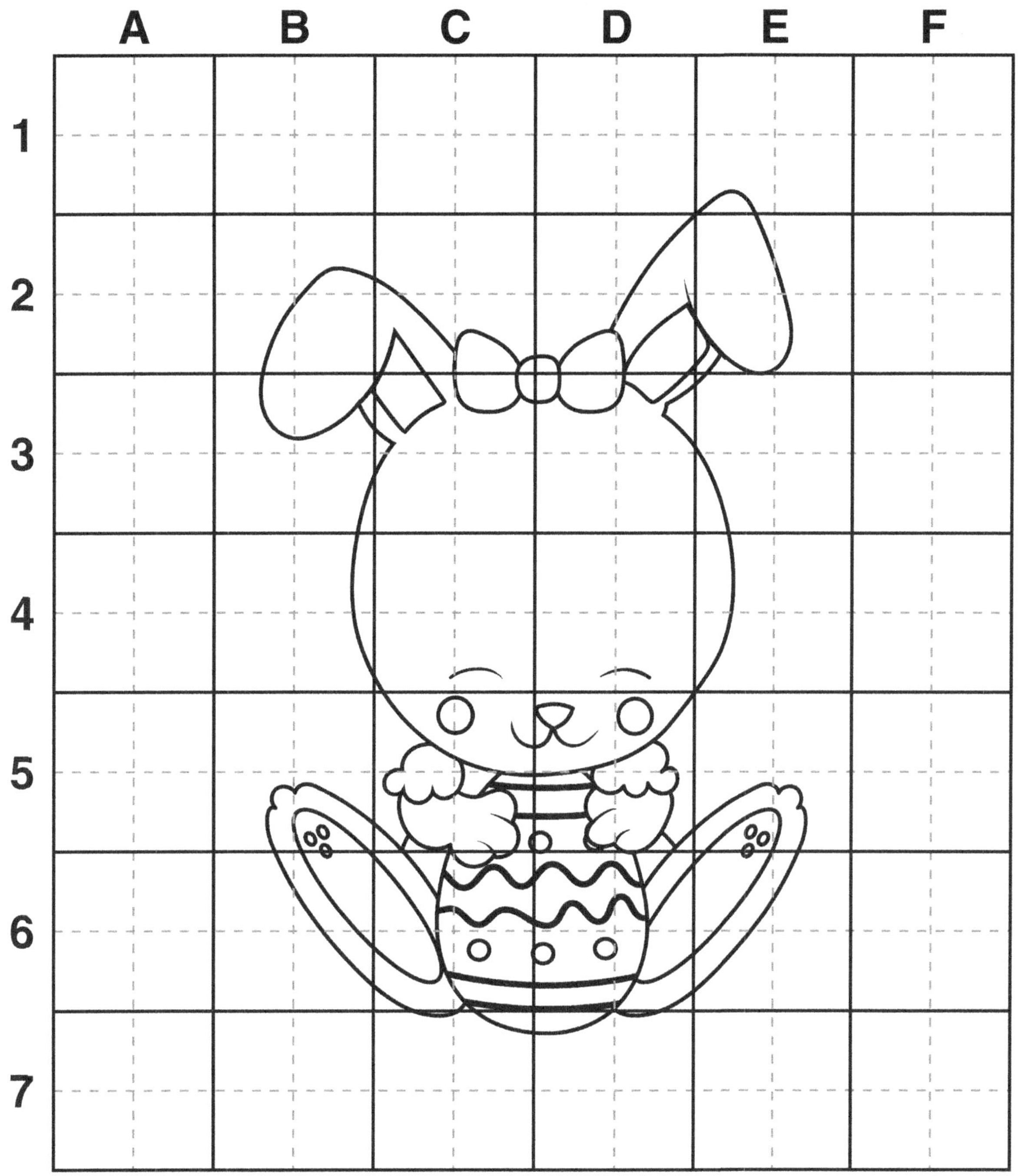

Your tract!

	A	B	C	D	E	F
1						
2						
3						
4						
5						
6						
7						

Drawing

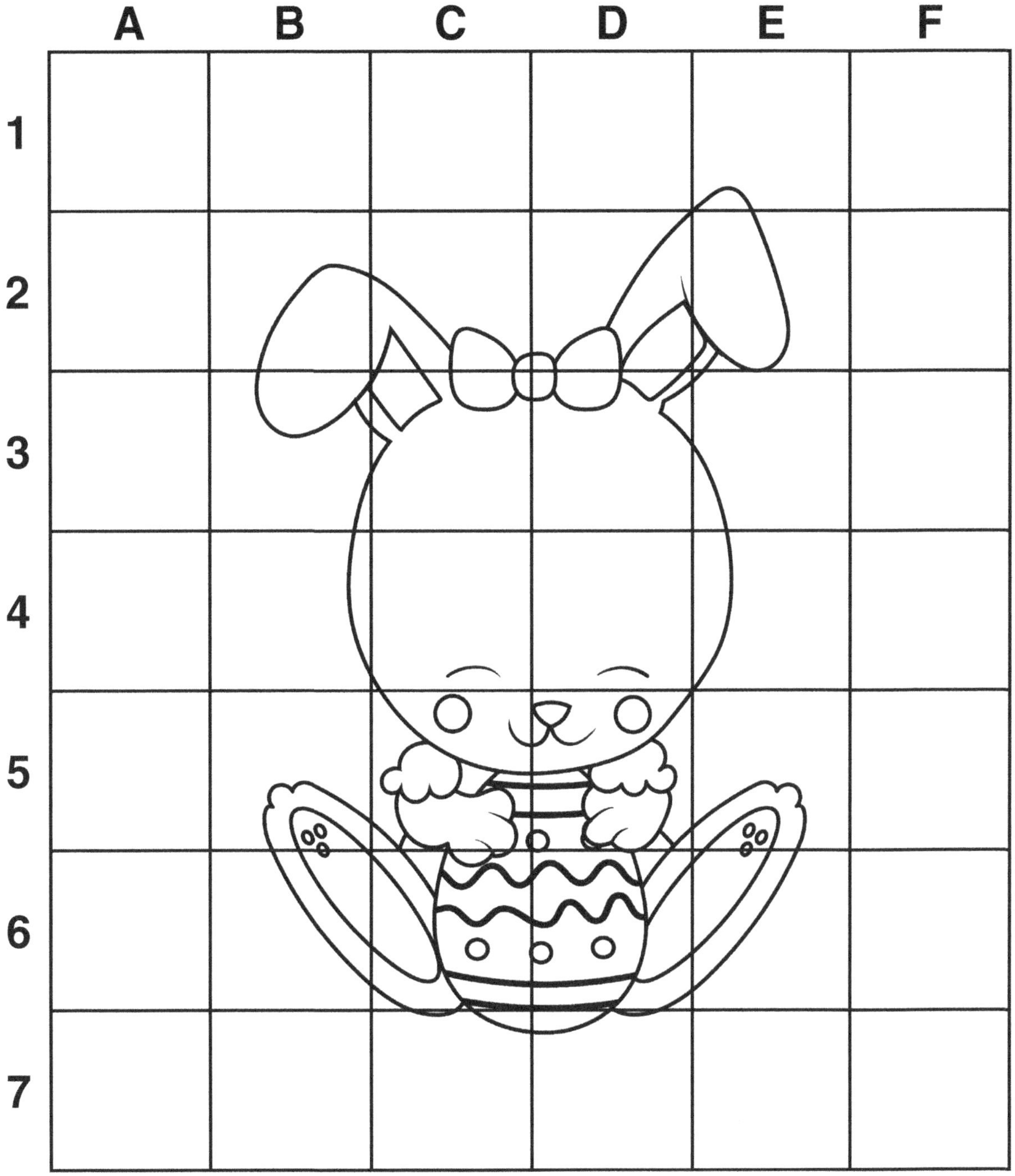

Your draw!

	A	B	C	D	E	F
1						
2						
3						
4						
5						
6						
7						

Practice!

Coloring

Make perfect!

Tracing

Your tract!

	A	B	C	D	E	F
1						
2						
3						
4						
5						
6						
7						

Drawing

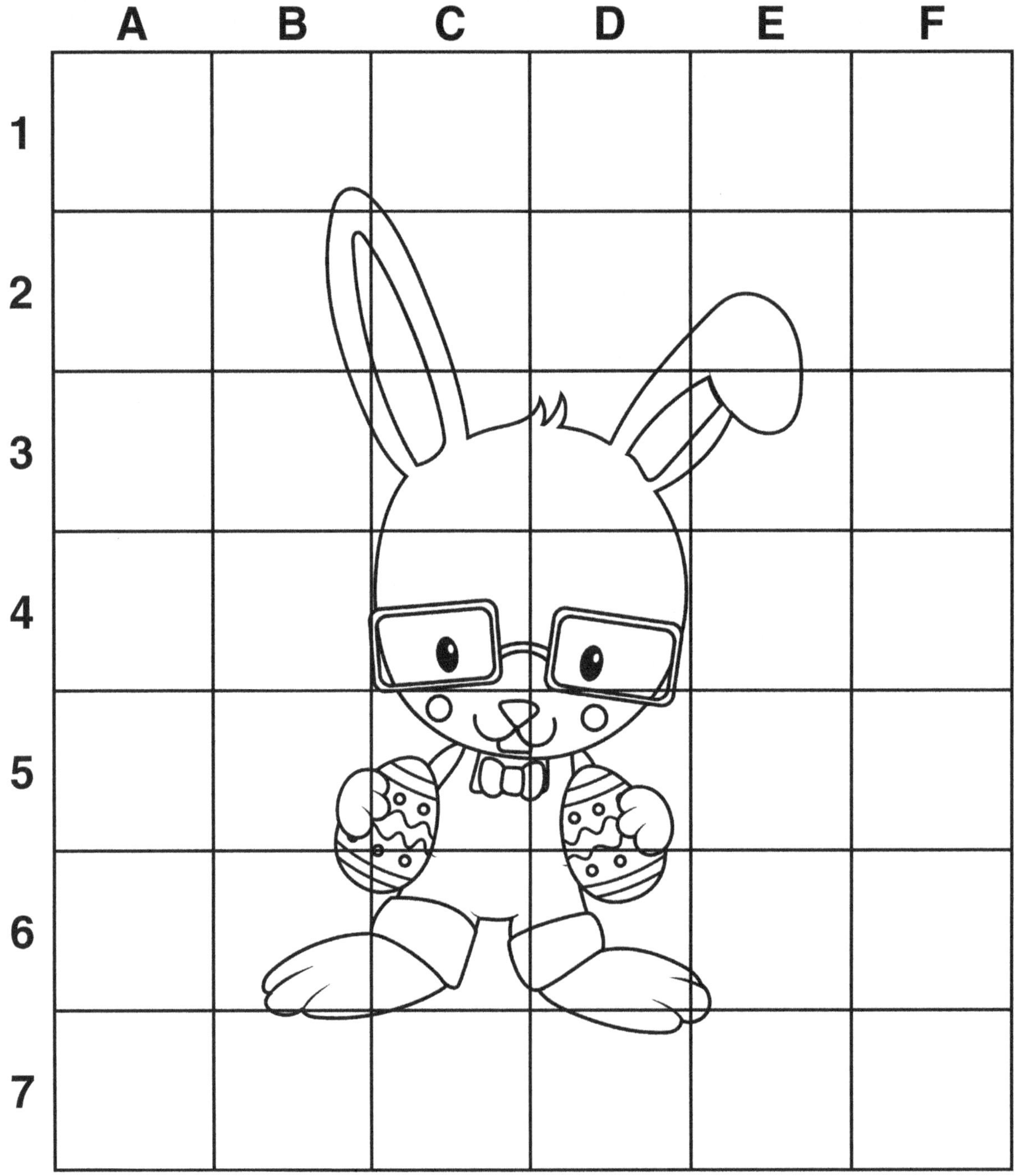

Your draw!

	A	B	C	D	E	F
1						
2						
3						
4						
5						
6						
7						

Practice!

Coloring

Make perfect!

Tracing

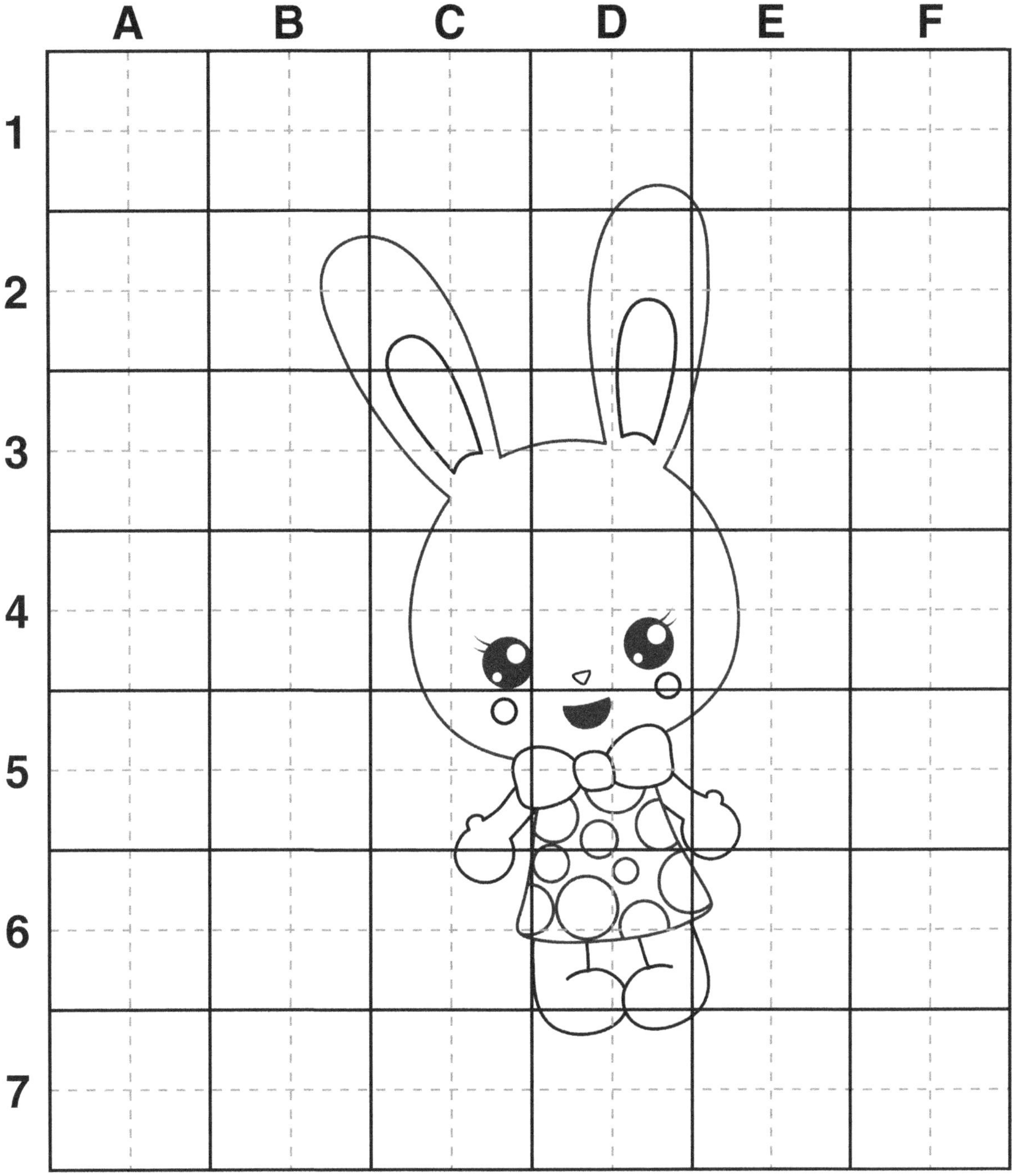

Your tract!

	A	B	C	D	E	F
1						
2						
3						
4						
5						
6						
7						

Drawing

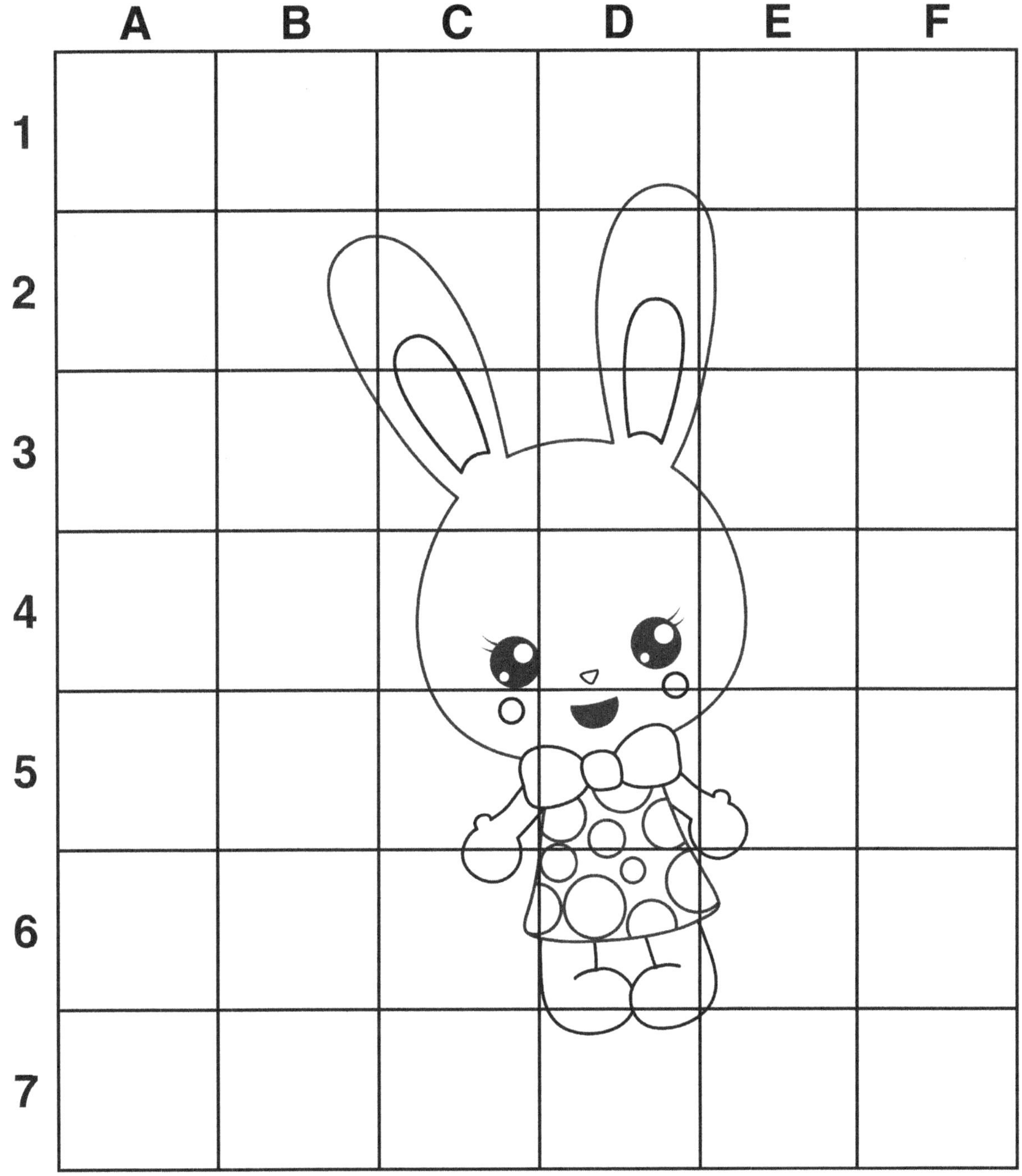

Your draw!

	A	B	C	D	E	F
1						
2						
3						
4						
5						
6						
7						

Practice!

Coloring

Make perfect!

Tracing

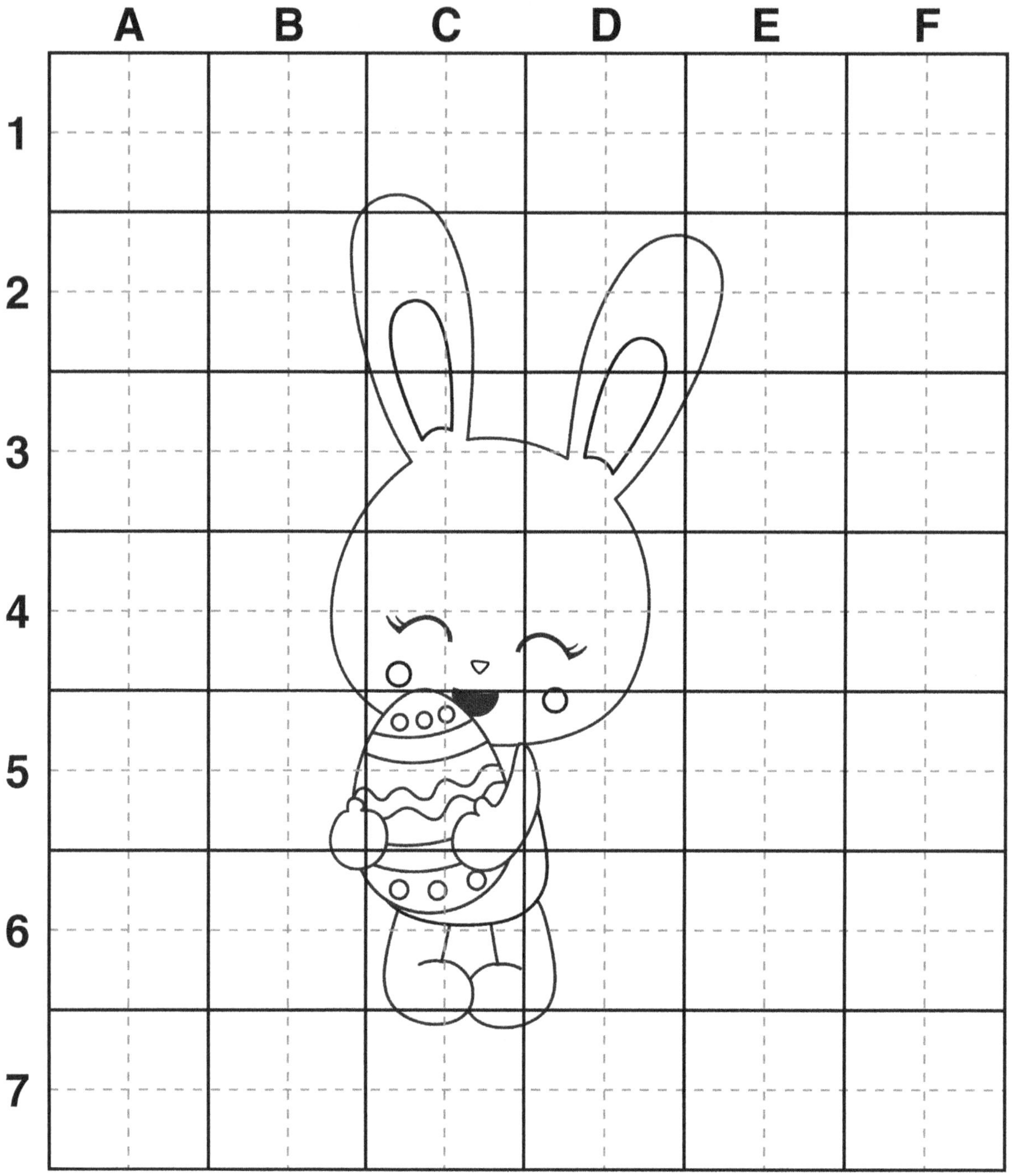

Your tract!

	A	B	C	D	E	F
1						
2						
3						
4						
5						
6						
7						

Drawing

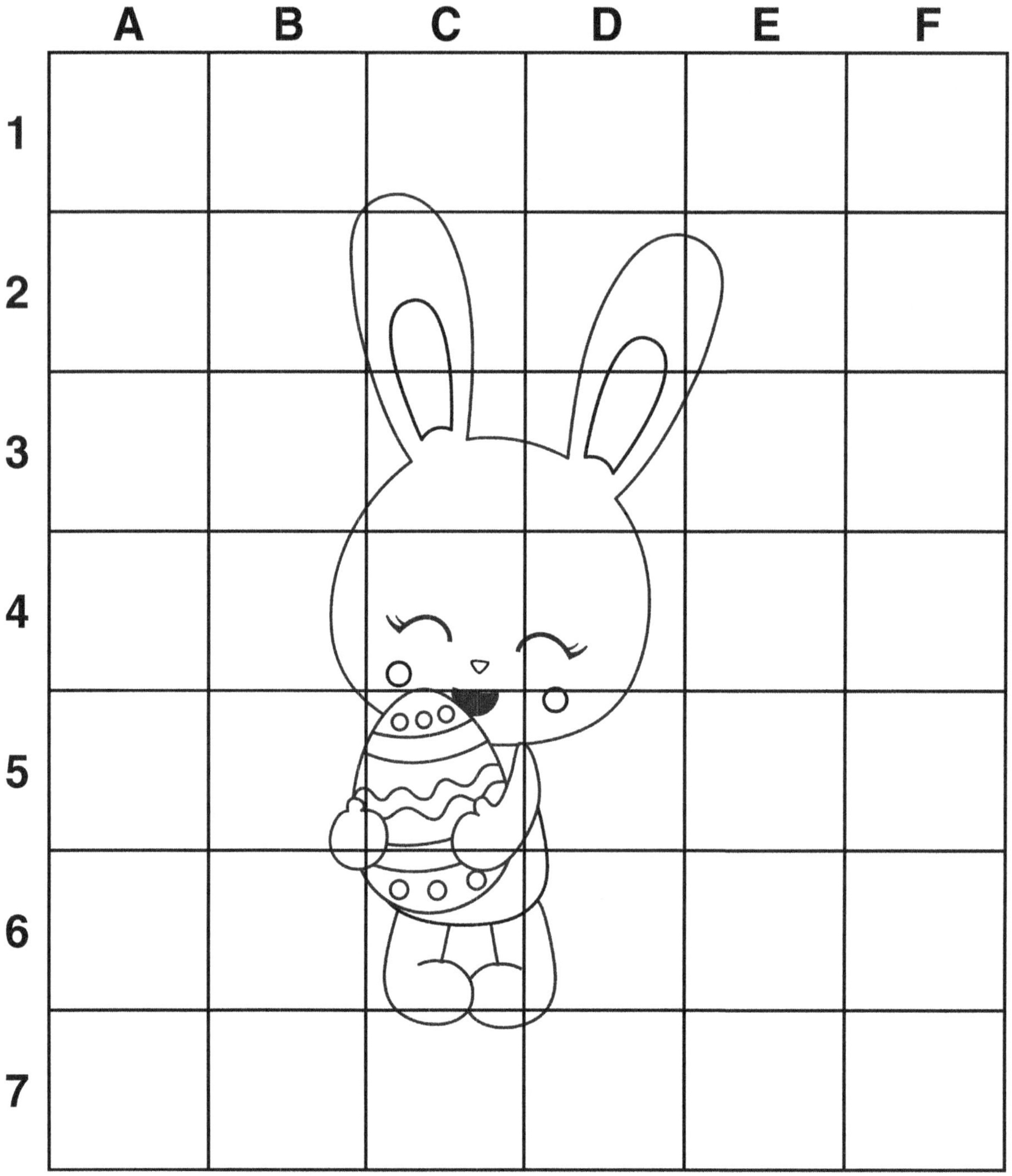

Your draw!

	A	B	C	D	E	F
1						
2						
3						
4						
5						
6						
7						

Practice!

Coloring

Make perfect!

Tracing

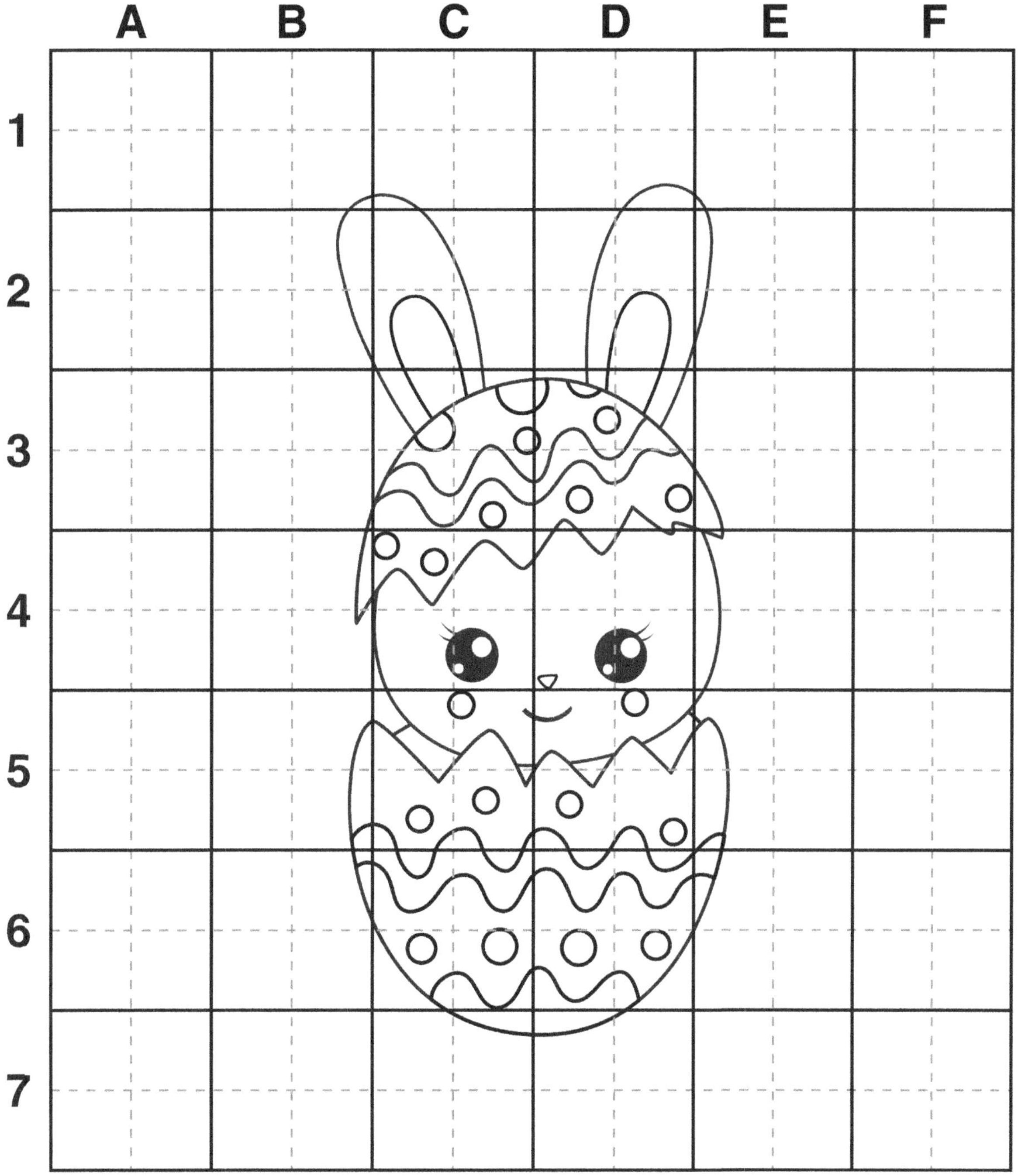

Your tract!

	A	B	C	D	E	F
1						
2						
3						
4						
5						
6						
7						

Drawing

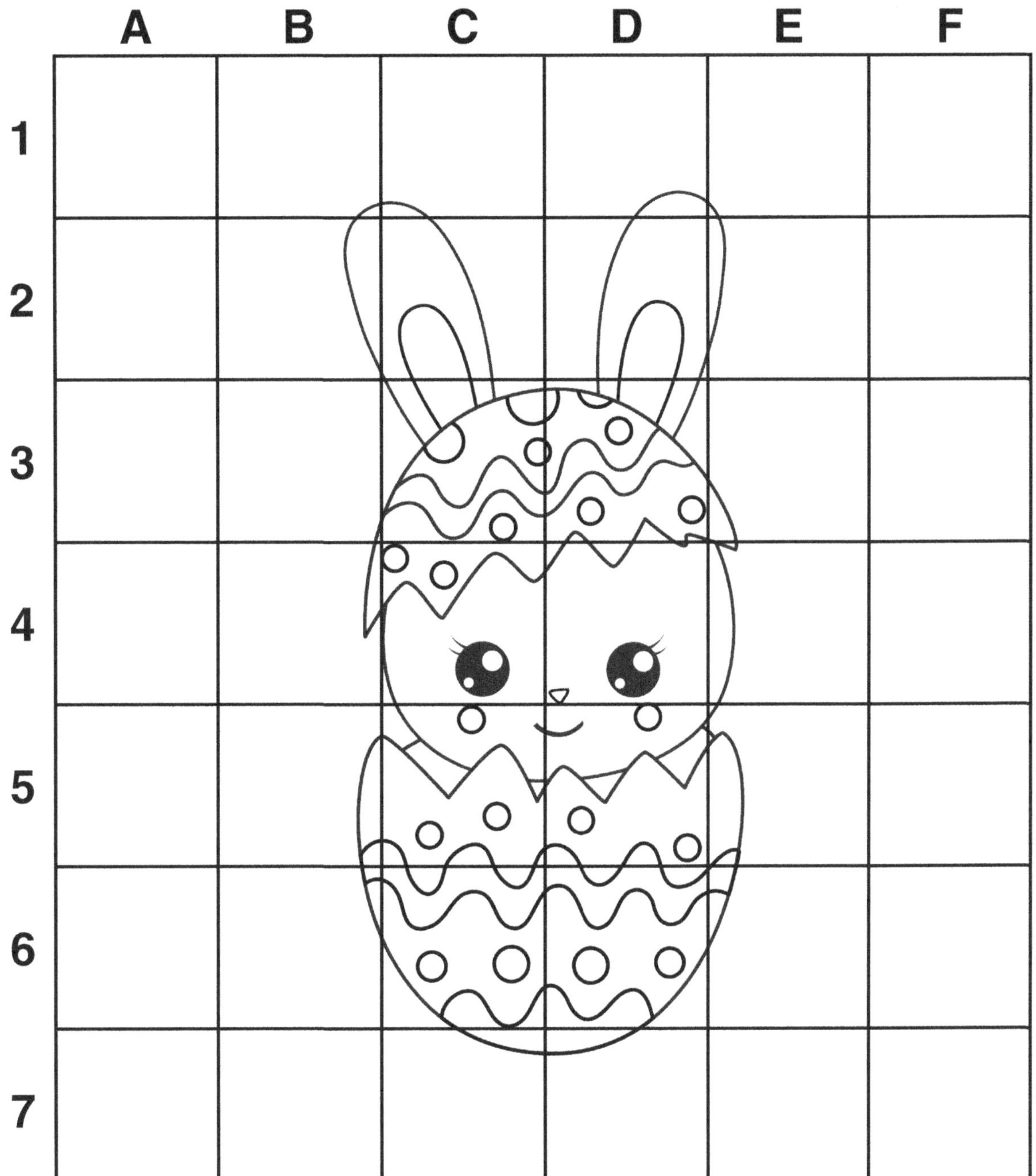

Your draw!

	A	B	C	D	E	F
1						
2						
3						
4						
5						
6						
7						

Practice!

Coloring

Make perfect!

Tracing

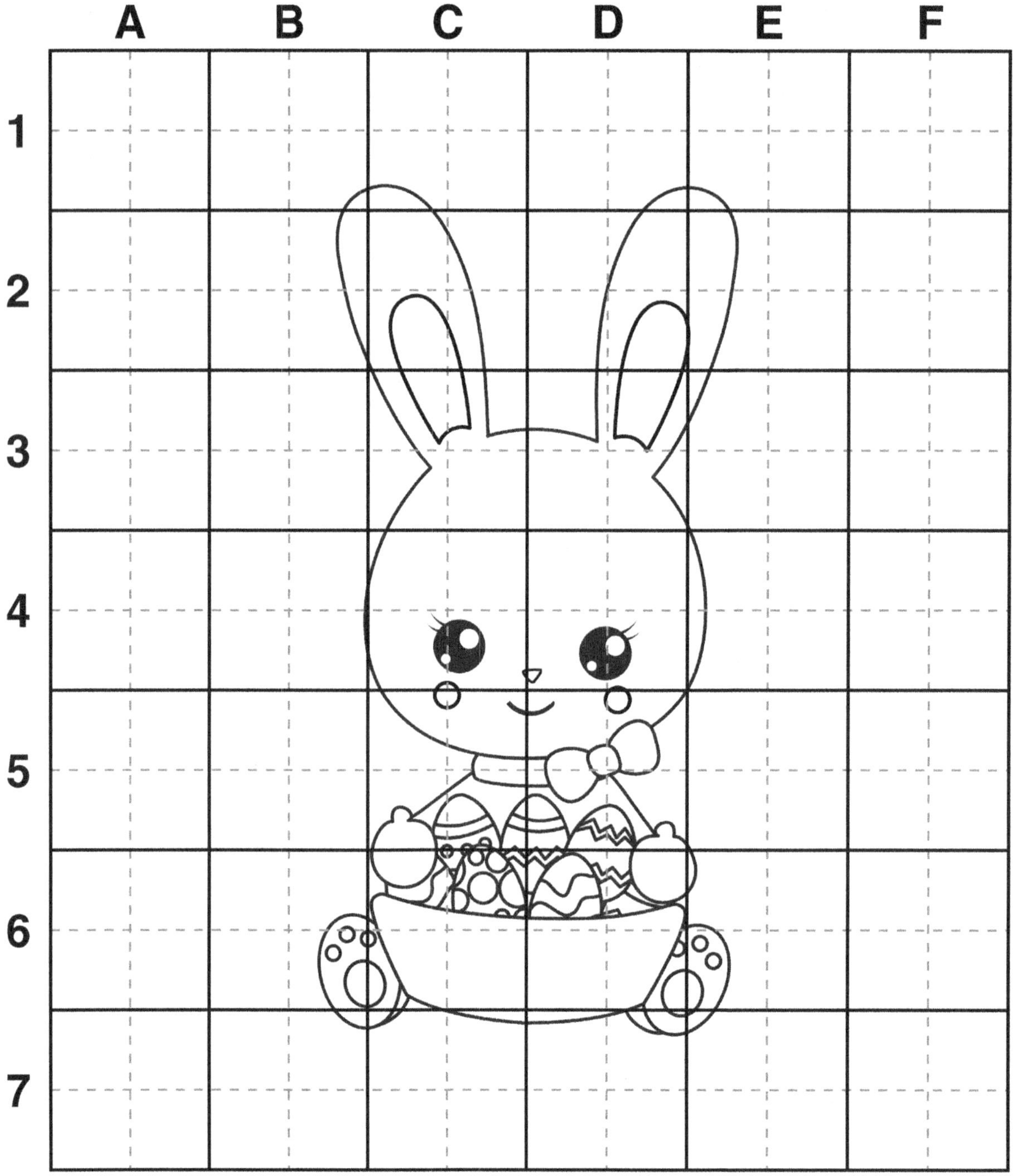

Your tract!

	A	B	C	D	E	F
1						
2						
3						
4						
5						
6						
7						

Drawing

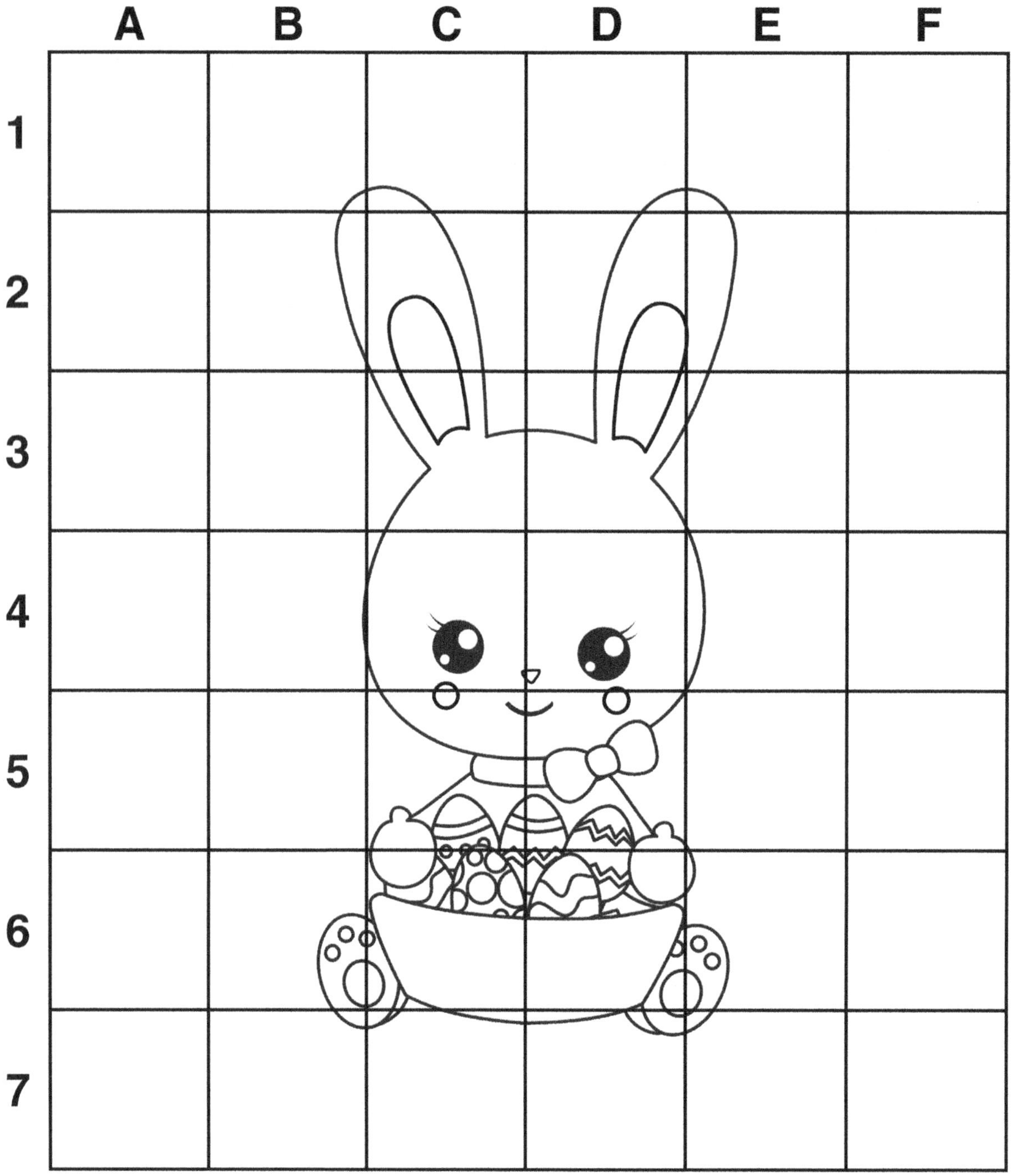

Your draw!

	A	B	C	D	E	F
1						
2						
3						
4						
5						
6						
7						

Practice!

Coloring

Make perfect!

Made in the USA
Coppell, TX
08 March 2022

74673548R00079